成功する人は、「何か」持っている

凡人の私がプロで成功できた本当の理由

野村克也

詩想社
— 新書 —

［はじめに］

夢をつかむ人は「何か」持っている

１９５３年11月23日、大阪球場には朝から３５０人ほどの若者が集まっていた。これから始まる南海ホークスのプロテストを受けに集まった人たちだ。そのなかに、当時、高校３年生だった私もいた。

私が在籍した京都府立峰山高校は、甲子園など夢のまた夢の田舎の弱小校。甲子園予選は１回戦負けが当たり前で、私もスカウトに注目されたことなどない無名の選手であった。

まわりを見まわすと、みな甲子園の常連校、強豪校のユニホームを着たものばかり。私などが合格することなど難しいだろうとダメもとで受けたプロテストであったが、私は奇跡的にたった７人の合格者のなかに選ばれた。

しかし、私が合格できたのは、球団が将来性を見込んでくれたからというわけではなかった。一軍ピッチャーのボールを受けるブルペンキャッチャーが不足しており、その補充として入団が許されたのであった。

選手としての将来性など誰からも期待されず、ただ黙々とピッチャーのボールを受ける「カベ」としての採用であった。

しかし、ここから私は、3年後には同期がみなやめていくなかで、一軍に定着し、その後、8年連続の本塁打王となり、三冠王を獲得、名球会に名を連ねる選手にまでなることができた。テスト生でプロ入りし、ここまで活躍した選手はほとんどいないだろう。他の新人たちに比べたら、華やかな実績も、素質も持ち合わせていない私だったが、なぜ、成功をおさめることができたのだろうか。

よく、大成した選手、名選手のことを「何か持っている」と表現することがある。確かに私も、そのような大化けした選手は「何か持っている」と思う。

はたして、成功をおさめ、夢をつかむ選手たちが共通して持っている「何か」とは、いかなるものか。「運」や「素質」といったものではない、「何か」の正体を私なりに解き明かそうとしたのが本書だ。

私はこれまでも、自分が育てた選手、一緒にプレーした選手たちのエピソードとともに、人をどのように伸ばしていくか、また、自分自身をどのように磨いていけばいいのかを著書として著してきた。

しかし本書は、幼少期からプロで活躍するまでの私自身の人生に絞って、それを題材に、素質もない凡人がいかにすれば自分の夢をかなえられるのかを明かした初めての本だ。名選手がひしめく球界で、テスト生の私がどのように一歩抜け出し、成功をおさめていったのかがわかるはずだ。

どのような努力をすればいいのか。どうやって夢を抱き、目標設定するのか。成功するための運や縁があるのだろうか。またあるならそれを、どう引き寄せるのか。それら私の思いをまとめてみた。夢を追う人、特に若い人たちに、私の体験が役に立てば、これほどうれしいことはない。

野村克也

成功する人は、「何か」持っている◎目次

第2章 成功する人だけが知っている努力の「方法」

~プロ最下層から這い上がった一軍昇格までの道

第3章 素質のない私が、いかにして「一流」となったか
～凡人が頂点を獲るための「考え方」とは

第4章
運や素質ではない「何か」が人生を決める
～何か持っている人の「何か」の正体を明かす

企画協力・ＫＤＮスポーツジャパン
編集協力・石田　英恒
構　　成・金田一二美

第1章

正しい目標設定が夢を実現する

私はいかに夢を抱き、どうやってプロ入団をはたしたか

子どものころに抱いた夢をかなえるために

「夕方にきれいに咲くあの花、おかしいと思わない?」

小学校3年生のころ、夕刊配りのアルバイトを終えた帰り道、誰もいない浜辺で夕暮れ時に咲く花が不思議でたまらず、家に帰って母に尋ねたことがある。

「ああ、それは月見草というんだよ。月を見て咲くから月見草だ」

そう教えてくれた母の声を、いまでも覚えている。

月見草は、思い出の花だ。

それから30年。プロ通算600号本塁打を打ったあとの記者会見で、私は自分の人生を月見草になぞらえた。常にメディアやファンに注目されるセ・リーグの長嶋、王が太陽に向かって咲く向日葵なら、何度もホームラン王を獲り、懸命にプレーしても注目されないパ・リーグの私は、人知れず咲く月見草のように思えた。

しかし、見てくれる人が少なくても、そのような花があっていいはずだ。数は少なくても、見てくれる人のために懸命に努力する。それが私の自負でもあった。

高校、大学のアマチュア時代から注目されてプロ入りした長嶋、王に比べ、まったく無名の田舎の高校球児だった私。スカウトなどもちろん来たこともなく、プロテストを受け、なんとかプロ入りしたのだ。

いまあらためて、自身のプロ野球人生を振り返ってみて、よくぞここまでがんばってきたと思うときがある。テスト生上がりでありながら、一軍に定着し、私ほど活躍できた選手はそうはいないだろう。

プロ入り時には誰にも期待されず、ずば抜けた才能も持ち合わせていなかった「凡人」の私が、なぜ、プロ野球界で夢を実現し、一流と評価される域にまで登りつめることができたのだろうか。私の人生を紐解くことで、そのヒントがみなさんにおわかりいただければと、この本を書くことを決めた。

特に夢を追う子どもたち、若者たちに私の経験がお役に立てばこれほどうれしいことはない。

夢をかなえるためには、目標をどのように定めるか。夢を困難にぶつかってもあきらめず、どうやって追い続けていくかが重要だ。誰しも子どものころに、将来の夢を描くが、ほとんどの人たちが、その夢をいつしかあきらめ、別の人生を歩んでいるのが現実だ。しかし、私は中学生のころに抱いた野球選手になりたいという夢を追い続け、また、実現することができた。

それはなぜなのか。まずは、私が将来の夢を抱きはじめたころ、月見草を見て過ごした幼少期から話を始めなくてはならないだろう。

父の死、そして母の病

私は現在の京都府京丹後市である網野町で育った。日本三景である天橋立にも近い、日本海に面した町である。当時は町の産業である絹織物の丹後ちりめんが盛んで、町には「かったん、かったん」という機《はた》を織る音が響いていた。

町のメインストリートも舗装されていないような田舎で、水を撒いてもすぐ乾いてしまい、トラックやバスが通るたびに、砂煙がもうもうと巻き上がるような田舎町だった。

父・要市は、この町で「野要《のよう》商店」という食料品店、いまで言うスーパーのような店をやっていた。父はもともと、網野町よりもさらに田舎、山間の熊野郡佐野村字坂谷の出身だった。

一方、母・ふみは滋賀県彦根のお寺の出身で、京都市内の府立病院で看護師として勤務していた。

子どものころ、なぜ田舎に住んでいる父と、京都市内に勤めていた母が結婚することになったのか不思議で、母に尋ねたことがあるが、

「そんなことはどうでもいい」

と言うだけで教えてはくれなかった。父が何かの病気かケガで母の務める病院に入院し、そこで2人は知り合って結婚したようだ。

明治生まれの女性にとっては、見合い結婚が当たり前で、恋愛は不良のすることという価値観だったから、恥ずかしくて私には教えてくれなかったのだろう。

父と母は食料品店を2人で切り盛りしながら、私と3歳上の兄・嘉明を育ててくれた。しかし、私が2歳のときに父は日中戦争に出征し、私が3歳になったころ戦死する。そのため私には父の記憶がない。近所の人の話によると、幼い私を自転車の前に乗せてよく遊んでいたというから、子煩悩なところがあったようだ。

3歳と6歳の幼子を残して父が逝ったことで、母の両肩には一家の生活が重くのし

かかるようになる。

なんとか女手一つで食料品店を切り盛りしていたようだが、私が小学校2年生のときに、母は子宮がんに倒れてしまう。仕方なく「野要商店」を閉め、一家の生活はここから困窮することになる。

母は手術のため、かつての勤務先である市内の京都府立病院に入院し、私たち兄弟は祖父の家に預けられることになった。

父の実家は、前述のとおり網野町よりさらに田舎だ。山に囲まれた地域に、1本の川を挟んで民家が7軒ほど点在するだけの何もない集落だった。汽車を使っても、バスを使っても、どこに行くにも不便な場所で、夜になると明かりもない真っ暗な山のなかだ。

そんな寂しい場所に、子どもたちだけで預けられた。京都市内の母の入院する病院まではとても遠く、汽車賃も持っていないから、お見舞いなど一度も行くことができなかった。まだ幼いというのに母に会うこともできない、本当につらい毎日だった。

ある日、家に帰ってくると、兄が泣いている。どうしたのかと聞くと、「こんな田舎に越してきたから、学校の勉強に遅れる」と嘆いているのだ。

田舎の小学校では満足な勉強もできず、町の小学校の生徒に負けてしまうと心配しているのだ。兄は、それだけ勉強熱心な子どもだった。

暇さえあれば机の前に座って勉強をしているような子どもで、母が当時流行っていた結核になりはしないかと心配して、「勉強なんかしていないで、外に行って遊んで来い」とよく注意していたくらいだ。

一方、私は兄とは正反対で、勉強には興味がなく、母には常に「勉強せい、勉強せい」と言われていた。

小学校、中学校でも、必ず先生たちは兄を知っているから、「お兄さんはよくできたのに……。野村君、君もがんばればできるんだよ」と言われ、兄と比べられるのが本当に嫌だった。不思議なもので、我が家の家系はほとんど勉強熱心な人ばかりで、スポーツをやっているのは私くらいしかいなかった。

私たち兄弟の、祖父母の家での寂しい生活は数ヵ月ほど続いただろうか。ようやく子宮がんの闘病を終え、幸運にも手術が成功した母が退院することとなった。

晴れて再び一家3人の生活が始まったのだが、病み上がりの母にできる仕事などあるわけがなかった。

私たちは、六畳の台所と、四畳と二畳の部屋がある小さい借家に引っ越した。収入はゼロの状態で、ここからひどい貧困生活が始まった。

極貧生活と、家計を助けるための労働の日々

当時はお金に困ると、家財道具を質に入れていたようだ。次第に家具が減っていくのが目に見えてわかる。最後には箪笥《たんす》もなくなり、部屋はガランとして何もなくなった。

引っ越しもよくやった。生活が苦しくなっていくにしたがって、より賃料の安い借家に移っていくのだ。網野町の狭い町内で、私が高校を卒業するまでに、4回は引っ越しをしただろう。

よく倒れないな、と思えるようなあばら家に一家3人で暮らしていた。吹雪の夜などは、寝ていると顔に冷たいものを感じる。目を覚ますと、雪が家のなかにまで吹き込んできているのだ。仕方なく壁の隙間に、新聞紙を詰めてしのいだこともあった。

最後に引っ越したときは、一軒家を借りるお金もなく、よその家の2階の六畳一間を間借りして、そこに家族3人で生活していた。兄と一緒に遊ぶと、ドンドンと下に響くものだから、「こら！　静かにせぇ！」と、よく家主のおやじさんに怒鳴られたものだ。

私が小学校2年生、3年生のころはまだ戦時中で、食糧難の時代だった。当然、白米など食べられるわけもなく、貧しい我が家の主食は、母が工夫してつくったトウモロコシのカスとメリケン粉にふくらし粉を混ぜてふかしたものだった。

腹いっぱい食べられることなどなく、常に腹をすかしていた。

家の近くで猫の額ほどの空き地を耕し、野菜を育てることも、このころから始めていた。トマトやキュウリ、ジャガイモなどを育て、自給自足のような生活をしていた。

畑仕事は兄と私の仕事だったため、少しでも私の下校が遅れると母に、

「何やっていたの。早く帰ってきなさい」

と叱られた。畑仕事があるから寄り道などするなと言うのだ。まだ小学校低学年で遊びたい盛りだ。同級生は放課後もみんなで遊んでいるというのに、私だけひとり、

仕方なく家に飛んで帰って畑仕事をしていた。

海に近いので、土も畑に適していないのだろう。枯れないように毎朝、腐った藁をかぶせ、夕方それを取る。一生懸命、毎日世話をして育てても、イモは指の先くらいの大きさにしかならない。それでも食べるものがないから、本当にありがたかった。

この当時から私は、家計を助けるために、いくつものアルバイトを掛け持ちするようになる。新聞配達は小学校3年生から高校生まで続けた。普通は1つの決められたエリアを担当するのだが、少しでも稼ぐために、私は2つのエリアに朝刊、夕刊を配った。

当時の新聞配達は、いまのようにポストに入れていくようなものではなく、玄関をガラガラっと開けて、一軒一軒、「朝刊です！」と声をかけ、家のなかに新聞を放り込んでいく。

配達する家には同級生の家もあって、特に女子生徒の家に配達するのが恥ずかしくて、とても嫌なものだった。しかし、年に一度、うれしいときもある。それが正月だ。

新聞を配達すると、家の奥から「かっちゃん、ちょっと、待って」という声がして、家の人が出てきてお年玉をくれるのだ。いまで言えば１００円、５００円くらいのものだろうが、それが何軒もあると、結構なお金になる。

そうしてもらったお金は、すべて母に渡した。１円たりとも、自分のために使ったことはなかった。貧困のなか、病を抱えて必死になって私たちのために働いている母を見ていれば、自分で使ってしまおうなどとはこれっぽっちも思わなかった。

夏休みにはアイスキャンディーの売り子をやっていた。子どもにできるアルバイトと言えば、その程度のものしかなかった。

ちりめんが盛んな町だから、ちりめん工場の昼休みを狙って、女子工員さん相手にアイスキャンディーを売るのだ。工場の前で、「アイスキャンディー～」と叫ぶことがどうしても恥ずかしくて嫌だったが、小学生が必死に売っていると、「かわいそうね」、「よくがんばるね」と同情して買ってくれる人がよくいた。

冬休みには、子守りのバイトもよくやった。お店をやっていて忙しい家の子守りを、日中、手伝うのだ。困ったのは、私の子守りがうまかったのか、子どもがすぐ眠ってしまうことだ。昼間眠らせてしまうと、夜なかなか眠らないものだから、

「かっちゃん、寝かしたでしょ」

とあとでお母さんに怒られてしまう。なんとか眠らないように、子どもの頬っぺたを軽く叩いて起こしたりするのだが、どうしても眠ってしまう。最後は、眠っているほうがこちらも楽だからいいや、と開き直っていた。

子守りをしてもお金はもらえないのだが、その日の食事をその家で呼ばれるのでこれがバイト料になる。１食助かると母が喜んでいたので、子守りのバイトもよくやった。

兄も新聞配達をしていたので、小学校のころから、私たち兄弟が家計を支えていたと言ってもいいのだろう。私の幼少期は、貧困家庭を支えるための「労働」の毎日だった。そのため、普通の小学生だったらあるような、放課後、同級生たちと一緒に遊んだというような楽しい記憶はほとんどない。

母の再入院

子宮がんから生還して私たちと生活していた母だったが、退院した翌年には、今度は直腸がんになってしまう。私が小学校３年生のときだ。

このときばかりは気丈な母も、相当こたえたようだ。医療技術のまだ進んでいない戦時中のことだ。がんの宣告は、死刑宣告のような重みがあったのだろう。

再入院のために京都市内の病院に向かう汽車のなかで母は、私たち兄弟の将来を考えて、涙が止まらなかったという。

母の再入院にともなって、私たちは父の知人の家に預けられた。また、母と離れ離れの寂しい日々が始まった。

そんなある日、私は近所の人が、今度は母も助からないだろうと噂しているのを耳にした。

「お母ちゃん、死ぬらしいで」

家に帰って兄に言うと、

「誰や、そんなこと言ってんのは」

「近所のおばさんが言ってたよ」

「本当かい……」

そのままシュンとなって、薄暗い部屋で2人とも何も言えなかった。

当時は、よその家に子どもだけで預けられるということが本当につらかった。何がいちばんつらかったかというと、「お母ちゃん、お腹すいた」の一言が言えないことだ。これがいちばんつらいし、悲しかった。

子ども心にも思ったのは、どんなに貧乏をしていても、満足に食べられないような生活でも、親がそばにいて一つ屋根の下で一緒に暮らしているという以上の幸せはないということだった。

母は後日、自分のがん闘病について、自身が看護師だったことがよかったと言っていた。病気に対して早めの処置をすることができたし、勝手知ったる以前の勤務先に入院することができたことも治療にはたいへんよかったらしい。

入院から数ヵ月後、無事、母は退院することが決まった。いま考えると、よく、戦時中の医療技術で、二度もがんになって命が助かったものだと思えてくる。まさに奇跡的なことと言っていいのではないか。

人生で夢をつかみ、なんらかの成功を手にする人には、目に見えない「運」がある。

私もいつも自分の人生を振り返って、「本当に運がいい」と思うのだが、私の人生でいちばん運が強いと思うところは、「このとき母が死ななかった」ということだ。

ここで母が死んでいれば、私は野球などできなかったし、いまの私はいない。「運」とはまことに不思議なものだ。

死線をくぐり抜け母が退院してきた日のことは、いまでも忘れられない。母が乗る夕方の汽車を、１時間以上も前から駅で待った。

西の空に夕陽が沈みかけたころ、汽笛を鳴らして汽車が入ってきた。ホームに降り立った母はまだ、やつれた表情をしていたが、私は「お母ちゃん！」と叫んで胸に飛び込んだ。

自宅までは、近所の人がリヤカーに母を乗せて運んでくれた。夕暮れの帰り道、母は私と兄の手をやさしく握っていた。

いじめ体験

二度目の入院から無事に帰ってきた母と、また、家族3人の生活が再開したが、さらに生活は苦しくなっていった。母が病み上がりで働けないのだから、貧乏生活になるのも当たり前だ。

母も、弱った体でできる仕事を必死に探したが、なかなか見つからなかった。しかし、しばらくして母が懸命に仕事を探していることをどこかで聞いたのかもしれない。家の近所の絨毯を織る工場の工場長さんが、わざわざ我が家にまで来てくれて、

「ウチで糸繰りの仕事がありますが、やりませんか？　立ち仕事はつらいでしょうが、糸繰りなら座ってできますよ」

と言ってくれたのだ。これには母も「ありがたい、ありがたい」と涙を流して喜ん

でいたのを覚えている。

ようやく職を得た母だったが、たいした給料ももらえないので、私たちはアルバイトの掛け持ちで家計を支えた。

貧乏生活を送ってはいたが、小学校の先生には恵まれたようだ。小学校3年生のときの担任が西村先生という、女優の山本富士子さんに似たきれいな若い先生だった。当時は戦時中だから、若い男性はみな内地にはいない。学校の先生も、女の人ばかりだった。

小学校時代の私は体も大きいほうで、どちらかといえばガキ大将のほうだったが、4歳上の同級生たちと対立していて、ずいぶんいじめられたものだ。

宮田という4年遅れで、小学校3年生をやっている同級生がいたのだ。私が小学校3年生で、向こうは実質中学1年生だから体格も全然違う。

私は毎日、朝刊を配ってから登校するので、始業ぎりぎりの登校になるのだが、宮田が子分を連れて5、6人で校門の前で私を待っているのだ。私を見つけると、カバンをひっくり返したり、弁当をひっくり返したり、ずいぶんめちゃくちゃにされたものだ。

ある日、あまりに悔しくて、学校に行かずにそのまま家に帰って、誰もいない家で大声で泣いていたことがあった。すると隣のおばさんが泣き声を聞いて、びっくりしてかけつけてきた。

「どうしたの、かっちゃん」

と心配してくれて、学校へ事情を連絡してくれた。すると担任の西村先生が、「学校に行こう」とわざわざ迎えに来てくれたこともあった。

たぶん先生は、私の家庭が貧乏で、私が毎日家のために働いていることも薄々知っていたのだろう。何かにつけ、先生は気にかけてくれた。

いまでも忘れられない先生の思い出がある。体育の時間に、クラス全員を先生が浜辺に連れて行き、A班、B班の2班にわけて相撲大会をやったことがある。私はB班で優勝し、A班で勝ち残ったのが宮田だった。

勝ち残った2人で決勝戦となったが、相手は本当なら中学生だ。体格が全然違う。私はあっさり負けてしまった。

するとそのとき西村先生が、

「宮田君、私とやろう」

と言って、土俵に上がってきた。これにはクラス全員大拍手で大いに盛り上がり、取り組みを見守ったが、なんと西村先生が宮田をぶん投げて勝ったのだった。女に負けたということで、みんな大笑いとなり、それまでずいぶん学校で威張っていた宮田も恥をかかされて、それ以来、おとなしくなったのだった。

私にしてみれば、先生が自分の仇を討ってくれたように感じたものだ。あの出来事は、いまでも忘れられない。西村先生とはその後、卒業してからも実家に帰ると家に遊びに行ったり、おつき合いが続き、とてもよくしていただいた。

貧困のなかから生まれた夢

小学生のころから毎日家計のために働いて、常に衣食住に事欠くような貧乏生活を続けていると、徐々に徐々に強い夢を抱くようになるものだ。「大人になったら絶対、金持ちになってやる」という強烈な願望を、私は持つようになった。

どうやって金持ちになるか。小学生から中学生に上がるころ、まず最初に私が夢に描いたのは、歌手になることだった。私より年下の美空ひばりさんが当時、大活躍していて、歌手になれば、華やかな世界で大金を稼げると思ったのだ。

網野中学に入学すると真っ先に、私はコーラス部に入った。まず発声練習から始めたのだが、これまで音楽の経験などまったくないので音符が読めない。致命的だったのは、高音がまったく出せないのだ。カラオケではいまでも、キーをいくつか下げて歌っているくらいだ。

どうしたものかと悩んでいると、級友が、一度いまの声をつぶせば高い声が出るようになると言うではないか。私は歌手になりたい一心で、そのアドバイスを真に受けて、それから毎日浜辺に行っては大きな声を張り上げて、声をつぶそうとした。

しかし当たり前だが、いくらやっても声がガラガラに枯れてくるだけで、高音など出るようにならない。

数ヵ月経ったころだろうか。私は歌手になることをあきらめ、コーラス部を退部した。

次に私が目指したのは、俳優になることだった。当時は映画ブーム真っ盛り。のちに『君の名は』が大ヒットする佐田啓二らが人気を博していた。

映画俳優になれば、金持ちになれると考えたのだ。私も人気の映画を観たくて仕方なかったが、券を買うお金を持っていない。そこで、映画館の入り口で様子をうかがって、背の高い大人が入るのを待って、その陰に隠れて無断で入場して観ていた。

何度もそうやって観ていたが、ついに映画館の館長さんに見つかってしまう。

「かっちゃん、そういうことしちゃいかん」

と真剣に叱ってくれた館長さんが、たまたま3軒隣のおじさんだったものだから、

「母親にだけは言わないでください」

と謝って許してもらえたこともあった。

しかし、その後も懲りずに、私はお金を払わずこっそり映画を観ていた。夢の力とは本当にすごいもので、映画俳優になりたいと思って映画ばかり観ていると、主役の演技やセリフなどすっかり覚えてしまうのだ。

そして家に帰ってそれを、鏡の前で何度も演じていた。しかしあるとき、ふと我に返って、「この顔では無理だな」と思い始める。

当時は映画俳優といえば、上原謙や阪東妻三郎など二枚目スターばかりが脚光を浴びていた。渥美清みたいな性格俳優という存在を、私は知らなかった。この顔では俳優で売れるのは無理だ、そう考え役者を目指すことを私はあきらめた。

後年、私がプロ野球選手として大成したあと、俳優の仲代達矢さんと対談をしたことがあった。その場で、このときの話をしたら、大真面目な顔で、

「残念でした！　それは芸能界、いや映画界の大損失です」

とおっしゃったので、私は意味がわからず、

「野球選手と俳優では、全然違うじゃないですか」

と言うと、間髪入れずに、

「同じです。野球で成功された方だから、映画の世界でも絶対成功されたはずです」

と言われてびっくりしたことがあった。

しかしいま考えてみると、そういう部分もあるかもしれないと思えてくる。何かの世界で成功をおさめる人は、別の世界に行っても、そこそこの成績をおさめる可能性が高いのかもしれない。


所詮はその他大勢から、どう一歩抜け出すかということだ。まわりの人間たちとは違った「取り組み方」をしているから、抜け出すことができるわけで、その「取り組み方」は人よりも頭を使うことであったり、他人と違った目標設定の仕方であったり、誰よりもあきらめずに挑戦し続けることといった個々の方法論だ。

それがわかってさえいるのだから、他の世界でも成功したはずだ、そう仲代さんは

言いたかったように私には思えた。
まあ、どんなにがんばっても、二枚目俳優になることだけは無理だっただろうが……。

野球選手という夢のはじまり

歌手、そして俳優になることをあきらめた私がここで思い至ったのが、野球選手になることだった。当時、野球はいま以上に国民的な人気があるスポーツで、プロ野球はもちろん、アマチュア野球でも試合をやれば、結構なお客さんが入るスポーツだった。

プロ野球選手になれば大金を稼げるが、それは夢のまた夢で、本当になれるかどうかもわからない。しかし、社会人野球の選手になる手もあるわけで、なんとか野球選手として生きていくことができないかとまずは考えた。

昔から運動神経には自信があって、特に球技が得意だった。幼いころにたまにやっていた三角ベースでは、体格もよく力があったから、大きな当たりを連発してみんなに一目置かれていた。

中学2年生のとき、私はいよいよ野球部に入部する。ただ野球をやるには、道具が必要だ。しかし、それを買うお金がない。母にミットを買ってくれ、バットを買ってくれなどとは、口が裂けても言えない。道具はみんなのものを借りて、ユニホームも自分だけ持っていなかった。ランニングシャツで練習をして、試合のときだけ、後輩にユニホームを借りていた。

入部して練習を始めてみると、最初からコンコンコンコン面白いように打てるのだ。これまでみんなは毎日やっているのに、なぜ打てないのか不思議に思うくらい簡単に打てる。

野球部の連中も、「お前、すごいな。どこでやってたんだ」とちやほやしてくれるから、それがまた自信にもなった。入部早々に、4番を打つこととなった。

守りのほうは、ピッチャーがいちばん人気があって、私もやりたかったが、当時の親友がこれまでのエースピッチャーで、

「お前がキャッチャーをやってくれると、ピッチャーとして投げやすい。体型も胴長

短足だから、キャッチャー体型だ」

とおだてられた。当時の子どもにとって、ピッチャーの次にキャッチャーは人気のポジションだった。キャッチャーだけプロテクターやレガースなどの道具をつけられる。そんな格好よさもあって、私はキャッチャーをやることになった。

3年生のときには、中学大会の地方予選を通過して、京都府大会のベスト4にまで進出したこともあった。

中学生離れした打球を連発して、まわりからもてはやされることで、次第に「将来はプロ野球選手になってやる」と心のなかで誓うようになっていった。

人生の分かれ道

中学3年生のとき、私の人生の分かれ道がやってくる。

ある日、家族3人で食事をしていると、母が真剣な表情で、お前に話があると言って居住まいを正した。

「お前は勉強にはまったく興味がないし、ウチは貧乏だから、兄弟2人も進学させる余裕はない。お前は中学校を出たら、進学しないで働きなさい」

これまで当然、兄と同じように高校に進学するものと思っていた私にとっては、突然の中卒就職の打診であった。

高校に行って野球をやって、それでプロ野球に行くという夢を持ち始めていたので、進学できなければ、その計画がご破算になってしまう。当時は中卒で有名になっているプロ野球選手もおらず、高校で野球をやって認められて、道を切り開きたいと考えていただけに大きなショックだった。

母も病弱な身で、糸繰りの仕事しかできず、収入もあてにならない。私たち兄弟のアルバイトがないと生活ができない状況に変わりはなかった。そのようなこともあり、私が中学校を卒業したら、京都市内の繊維問屋へ丁稚《でっち》に行かせる話が進んでいるようだった。

このピンチを救ってくれたのが、兄だった。前にも述べたとおり、兄は私と正反対で勉強熱心。成績もいつもトップクラスで、当時、高校3年生で大学を目指して勉強していた。その兄が、母を説得してくれた。

「お母ちゃん、克也を高校に行かせてやってくれ。これからは学歴社会になるから、克也も高校くらい出ていないと将来苦労する。俺は大学に行こうと思っていたけど、高校を卒業したら働くから、克也を進学させてやってくれ」

母はこの兄の申し出を、黙って聞いていた。このあと、兄と母でどのような話し合いがあったか私は知らないが、結局、兄のおかげで私は高校に進学できるようになったのだ。

兄は言葉のとおり、高校卒業後、京都のメーカーで働きはじめ、その後、私がプロ入りしたあと、自分の稼ぎで働きながら夜間大学に進んだ。

いま振り返ってみても、ここが人生の分かれ道であった。もし進学できなければ、私はプロ野球選手になることはできなかっただろう。中卒で就職した会社で必死に働いて、たまに草野球をしながら、一生その会社にいたかもしれない。それを思うと、いまの私があるのは、兄のおかげであると言っても過言ではない。

このあとも私は、人生のなかで、多くの人たちに助けられ、支えられて、プロ野球選手という自分の夢を実現して、成功をおさめることができたと思っている。

もちろん自分が、死にもの狂いで必死に努力することも大切だ。しかし夢をつかみ取るためには、人の「縁」がなければかなわない。夢をつかみ、大成している人たちは、この縁を持っているのだ。

そのことを知って、謙虚にまわりの人たちに感謝し、懸命に努力することで道は開ける。結局、縁を引き寄せるかどうかは、自分の常日頃の取り組み方、生き方にかかっている。

見ていないようでいて、この広い社会には、必ずあなたのことを見ている人がいる。その人が、あなたの日々の努力、真摯な取り組み方に共感して、また、困っている姿を見かねて手を差し伸べてくれることがあるのだ。それが縁であると、私は考えている。

後述するが、プロ入り後も、そうした数々の縁によって私は夢をつかむことができたと言える。

夢の支援者

晴れて進学することができるようになった私は、兄も進んだ峰山高校を受験してなんとか入学することができた。この高校には普通科と工業科があって、工業科のなかに、紡績、機械、化学の3つのコースがあった。私は工業化学科に進学したのだが、これは兄のアドバイスを聞いてのことだった。

工業化学科は毎年、卒業生の何人かがカネボウに就職できる枠を持っている。だからここに入学し、カネボウへ就職して社会人野球をやればいいと兄はアドバイスしてくれたのだ。

カネボウは当時、社会人野球の強豪で知られており、そこで活躍すればプロへの道も見えてくると思い、私も峰山高校工業化学科を進学先に決めた。

いま振り返ってみても、兄は私が野球をやることを、陰になり日向になり支援してくれていた。私が中学生のころも、対外試合などはたいてい学校が休みの日にあるのだが、休みの日は兄と2人で畑の世話をしなければならない。

母にとっては野球はただの遊びであり、家計を助けるための仕事より優先するようなものではなかった。そのため、私は試合会場に向かうこともできず、肩を落として兄と畑仕事をしていることがよくあった。

そんなときは兄がこっそり、

「お前、今日、野球の試合やってんのちゃうか。ここは俺がやっておくから、行ってこい」

と耳打ちしてくれるのだ。

「ありがとう。兄ちゃん」と言って、何度、試合に行かせてもらったことだろう。

その当時から、兄は私の野球の素質を見抜いていたのだろうか。それが不思議で後年、兄に尋ねたことがある。

兄は、私がプロ野球選手になれるかどうかはわからなかったが、社会人野球に入れるくらいの実力はあると当時から思っていたという。

また、私が毎日、夕刊配達の仕事を終えたあと、バットは買えないから一升瓶に砂を詰めてつくった代用バットで暗くなるまで素振りをしている姿を見ていた。これだけ一生懸命打ち込んでいるのだから、助けてやろうという気持ちになったという。

こうした兄のおかげもあって、高校に進んだ私は、入学して真っ先に野球部に入部した。野球名門校でもなんでもない、田舎の普通の高校野球部ということもあるのだろう。入部早々、私は3番、キャッチャーのレギュラーとなった。

母の目を盗んでまで続けた野球

めでたく高校で野球ができるようになったのだが、このときから母との戦いが始まった。母は野球は遊び、ウチには子どもを遊ぶために高校に行かせるような余裕はないと考えていた。

「何のために高校行っとるかわかっとるんやろうね。しっかり勉強せえ」

といつも言われていた。

そのため、高校で野球部に入ったことも、母には表向きは秘密であった。いつも母の目を盗んで、家の前で素振りをしたり、ウソをついて試合に行ったりしていた。高校時代は、実はのびのびと野球をやったことがない。いつも隠れてやっていた。

しかし、息子がコソコソやっていれば、母親にはすぐわかるものだ。

せっかく兄が大学進学をあきらめて、仕送りしてくれるお金で高校に行けているのに、野球ばかりやっている私にとうとう母は怒って、私のバットを隠したこともあった。夕方、学校から帰っていつものように素振りをしようとすると、置いてあるはずの場所にバットがない。

「お母ちゃん、ここに置いてたバットどうした？」

と聞いても、プイっと横を向いている。

そこらじゅうを探し回って、縁の下に放り投げられているのをやっと見つけて、引っ張り出して、また素振りをしたこともあった。

母の言いつけを破るうしろめたさを感じながら終始野球をやっていたが、母もある時期から、既成事実として私が野球をやることを認めざるを得なかったのだろう。

後年、私がプロで成功したときに母は、

「お母ちゃんがあんだけ反対した野球で成功するとは、夢にも思わなんだ。人生はわからんもんやなぁ」

としみじみ言っていた。

野球部の恩師との「縁」

高校2年生のころには、私が野球を続ける上での、新たな問題が浮上する。

当時の峰山高校野球部は、田舎の弱小チームもいいところで、地方大会予選も1回戦敗退が当たり前で実績は何もない。部員たちも素行に問題があり、成績も悪く落第ギリギリの不良が多かった。

当時は校庭も狭く、野球のダイヤモンドを引いたら、他の運動部が危なくて練習できないような環境だった。

そのような状況だから、当時、生活指導部長だった清水義一先生が、野球部を廃部にしようと職員会議などで働きかけ始めたのだ。

私はこの動きを野球部員の友人から聞いて、頭を抱えてしまった。せっかく兄が進学をあきらめることで高校に進めたのに、野球ができなくなってしまっては、将来のプロ野球選手の夢も絶たれてしまう。

なんとかいい手はないかと考えた結果、私は高校3年生になるときに生徒会長に立候補する。清水先生は生徒会の担当教員でもあったので、生徒会長になれば、直接先生との接点ができて折衝できると考えたのだ。

これまで峰山高校では生徒会長は普通科の生徒がなるのが通例だったが、私は工業科で初めて立候補した。そして強引な脅しまがいの選挙活動をして、ほんのわずかな差で生徒会長に当選することができた。これで、清水先生との接点ができた。

さらに、先生には野球好きの2人の息子がいることを突き止めた。そこで、息子たちを次の練習試合の観戦に来るよう誘った。そして、「お父さんも一緒に連れて来たらいい」と言いくるめたのだ。

案の定、試合の日に、先生は2人の息子に連れられて球場にやってきた。当時の野球人気はいま以上のものがあって、高校のクラブ活動の試合であっても、町の人たちがお客さんとして大勢入るのだ。これはバレーやバスケット、サッカーなどの試合とは比べものにならないものだった。

先生も球場に足を運んで、野球というスポーツの人気の実態を目の当たりにして、たいへん驚いたようだ。先生はもともとお寺の息子で、野球にはまったく興味もなく、どのようなスポーツであるかさえ知らなかったのだが、これをきっかけに野球の虜《とりこ》となってしまう。以後、野球部を廃部にするなどと言うことはなくなり、私の交渉もあって、清水先生が野球部の部長となったのだった。

すべてプロ野球選手になりたいという一心でのことだったが、その思いが強ければ、いろいろな知恵も出てくるものである。 野球部廃部の急先鋒である清水先生に野球の魅力を知ってもらい、それで、あわよくば野球部の部長になってもらうことで、部を存続させようという私の策が思った以上にうまくいったのだった。

ただ、部員が単位を落としたら廃部という条件もあったので、落第しそうな4、5人の部員になんとか及第点をとらせようと、みんなで頑張ることも忘れなかった。

縁とは不思議なもので、この清水先生が私のプロ入りにおいても大いに助けてくれるのである。

夢をかなえるための正しい目標設定

高校3年生ともなると、私も卒業後の進路のことを真剣に考え始めていた。工業化学科からカネボウに就職することは難しくなかったので、就職後も社会人野球を続けることはできそうだった。

しかし、プロ野球選手になるという夢も捨てきれないものだった。

私も高校球児として、甲子園を目指して練習していたが、甲子園などというのは、地球の裏側のことのように遠い世界に感じていた。高校3年間で、全国高校野球京都府予選で勝ったのは1試合だけ。2回戦に進んだのが1回だけで、あとはすべて1回戦負けである。

2年生のときに、西京極球場でホームランを打ったことがあるが、スカウトなど来ためしがないので、まったく無名の選手である。

高校時代に活躍が注目され、スカウトに誘われプロ入りするという道は、私にはなかった。あとはテストを受けて、プロになるしかない。プロテストに合格することも、夢のまた夢でしかなかったが、ダメでもともと、どのプロ球団に入ることを目標とするか考えた時期があった。

授業中も、プロ野球選手名鑑をめくりながら思案した。まず、全チームを見て、20代の一軍レギュラーキャッチャーがいるチームを消していった。

だいたいプロ野球選手の選手寿命は37、38歳くらいだから、30代のキャッチャーがレギュラーだったら、その選手が衰えてくるところで、私がレギュラーとしてつけ入る隙もある。

内野は4つのポジションがあるし、外野も3つある。ピッチャーも何人か必要だが、キャッチャーというポジションは、1つのチームに1つしかない。だからそこに「不動の選手」がいるようでは、そのチームに運よく入れても、レギュラーになることは難しいと考えたのだ。

そうやって候補を絞っていって残ったのが、南海と広島だった。南海が松井淳さん、広島が門前眞佐人さんが正キャッチャーだった。第一希望を南海として、ダメなら広島。それもダメなら社会人野球、と狙いを定めた。

いま思っても、高校生にしてはなかなか的を射た目標設定だと思う。**往々にしてありがちなのが、自分の願望だけを優先させて、冷静な分析がないところで目標を置いてしまうパターンだ。**

よく、幼少期からの憧れの球団になんとか入りたいと手を尽くして、入ってはみたものの活躍する場もなく、一軍にも上がれずに消えていく選手がいるものだ。

私も巨人ファンだったし、巨人に入りたいと思ったが、当時、藤尾茂さんという鳴尾高校で甲子園のヒーローになったキャッチャーが入団したばかりだったのであきらめた。

夢を追うのもいいが、それは分析に基づいた目標設定がなくては実現しない。自分の力量を冷静に判断し、そして対象の実体を把握する。彼我の現状分析がなされたうえでの目標、夢だからそれがかなうのである。

はたしていまのドラフトで入団していく選手たちが、そこまで考えているか疑問である。大部分は幼少期からの「憧れ」といった、気持ちの部分を優先させて決めているように思える。

フリーエージェントを使って、人気球団に移籍する選手も見受けられるが、彼らもどれだけ冷静に球団選びをしているか疑わしい。それほど、プロ野球選手にとっては、球団選びは大事なのだ。

ただこれは球界にかぎったことではなく、一般的に、夢を追う多くの人々にあてはまることだろう。**気持ちだけで夢を追っていても、実現は難しい。そのためにどういうステップを踏んでいくのか、冷静に現状分析をし、実現可能性の高い道筋を選んで、夢に近づいていくことが、最初の第一歩だと私は思っている。**

運命のプロテスト

自分なりにプロ野球の世界への最初の目標設定ができたころ、私は新聞配達のアルバイトの最中に偶然、衝撃的な記事を目にする。「南海ホークス新人募集！」。それは南海のプロテストの広告だった。

待ちに待った南海のプロテストである。私は早速、その記事をもって、清水先生のところに相談に行った。先生は、

「行ってこい！　お前なら、ひょっとすると受かるかもしれんぞ！」

と応援してくれた。

しかし、テストは大阪で行われるのだが、そこまでの旅費がない。正直に先生に相談すると、そんなものは出世払いでいいからと、快く貸してくれた。

1953年11月22日、私は先生に借りた旅費を手に、ダメでもともとの覚悟でプロテストのために大阪に向かった。テストは翌23日に行われた。午前8時ころ、会場の大阪球場に着くと、350人くらいの受験者が集まっている。伏見高校や立命館など、京都の名門校のキャッチャーたちも来ている。その他にも、強豪校のユニホームを着た選手たちが大勢集まっていた。

この光景を見たところで、まったく無名校の私など、受かることはまずないだろうと覚悟した。

試験内容は、投げる、打つ、走るを30人ずつグループをつくって、ローテーションでこなしていくもの。その過程で、人数がどんどんふるい落とされていく。

まず私が最初に受けたのが、打撃テストだった。先にテストされている選手たちを見ていると、一振りしただけで「よし!」と声がかかって、次の選手に交代されていく。

たった一振りしか見てくれないのか、と思っていると、なかには二振り、三振りさせてもらっている受験者もいる。それで、一振りで終わらないほうが、評価がいいことがわかった。

そうこうしているうちに、いよいよ私の番がまわってきた。バッターボックスに入ると、緊張で膝が震えて止まらない。なんとか一振りでいい結果を出そうとするから、結局、力んでボテボテのショートゴロだった。

「しまった！」と思ったが、その後2回振らせてもらい、サードゴロにレフトフライ。いずれも会心の当たりとはほど遠かった。

打撃テストが終わり、受験者が整列させられ、コーチがゼッケン番号を呼んでいく。私の番号は呼ばれず、がっくりと肩を落としていると、

「いま、呼ばれたものは帰ってよろしい」

と言われ、残ったものが合格だった。このテストでは、いい当たりが出るかではなく、スイング自体を見ていたのかもしれない。

続いては、走力テスト。プロ現役時代は、私は足が遅いように思われていたが、もともとは足が速かった。長年、キャッチャーを務めているうちに、鈍足になったのだ。

確か50メートルを6秒5で走れば合格で、なんなく私はクリアした。

さて、最後が遠投である。これが、私のいちばん苦手なものだった。2回投げることができ、90メートルを超えれば確か合格だった。

私は高校のときから肩には自信がなく、1球目、思い切り投げたが合格ラインにまったく届かなかった。

「もはやここまでか」と思ったときだった。遠投試験の審査員をしている河内さんというテスト生で入団していた私の1年先輩が、

「おい、お前。もっと前に行って投げろ。ラインを超えていいから」

と小声で言ってくれる。私も半信半疑で恐縮しながら、5メートルほど前に出て、2球目は投げさせてもらい、なんとか合格ラインを超すことができた。

最初350人ほどいた受験生も、最後は30人ほどになっていた。最後の試験が終わったところで、その30人が集められ、7人の番号が呼ばれた。その7人のなかに、私の番号もあった。「落ちたのか?」と思っていると、

「いま呼ばれた7人は、仮契約して帰ってもらう。食堂で待ってろ」

と言うではないか。

この瞬間、私は念願だったプロ入りを勝ち取ったのだった。


食堂で他の選手の手続きが終わり、自分の番がまわってくるのを待っている間、プロテスト合格の実感がじわじわとわいてきて、喜びで飛び上がりたいほどだった。はたして給料はどれくらいもらえるのだろうか、そんなことを考えていると、ほっとして腹が減ってきた。朝から始めたテストは、すでに夕方になっていたから当然だ。

マネージャーが、

「お疲れ様。メニューにあるものは、なんでも食べていいぞ」

と言ってくれたので、私はカレーライスを注文した。肉など兄の就職祝い以来、食べたことがない。肉入りのカレーライスが本当においしくて、3杯もおかわりしたのをいまでも覚えている。

後日談になるが、私がプロ入りして4番打者として活躍するようになってから、あのときの味が忘れられず、この食堂で同じカレーライスを食べたことがある。しかし

驚いたことに、まったくおいしくない。本当にあのころのカレーなのか信じられず、厨房のコックさんに、

「このカレーライス、昭和28年のときと同じですか?」

と聞いてみたが、

「同じですよ」

とそっけない。人の口とは恐ろしいものだと思った。おいしいものを食べたら、知らぬ間に味覚はあっという間に変わってしまうのだ。

結局、このときのテストでは、ピッチャーが2人、野手が1人、キャッチャーが4人合格した。なぜ、キャッチャーが4人もいたのか不思議だったが、その謎はあとでわかることになる。

憧れのプロ入団

仮契約を結ぶため、食堂でマネージャーを待っている間、私の頭のなかは、給料のことでいっぱいだった。はたして、いくらもらえるのだろうか。お金持ちになって、母を楽にさせてあげたい、貧困から抜け出したいということがプロ野球選手を目指すいちばんの動機だったから、その期待は否が応でもふくらんでいった。

他の選手の手続きが終わり、ようやくマネージャーが私のもとにきて、仮契約の書面を見せてくれた。

パッと見ると、金８万４０００円という金額が目に飛び込んできた。だいたい当時の高卒初任給が６０００円くらいだったから、かなりの高給である。

私が、

「すぐ、サインします」

と言うと、マネージャーは、

「最後まで読んだのか。いいから最後まで読め。みんなあとでごちゃごちゃ文句を言ってくるから、そうならんように読め」

と言う。

その理由が、よく読んでみるとわかった。「右の金額を12回にわけて支払う」と書いてある。つまり先ほどの額は、年俸なのだ。

高校生には年俸などという概念はないから、まったくわからなかった。言われるままに計算をしてみると、月々7000円である。これは、普通に務める人の初任給と同程度ではないか。

しかも、ここから寮の経費として月3000円が引かれてしまう。手元に残るのはたった4000円。そこから私は1000円を仕送りしていたから、入団当初は月3000円でなんとかやっていた。

やっとのことでプロテストに合格してはみたものの、あまりにも想像していた給料より安く、正直がっかりしてしまった。しかしこれからの活躍次第で、どんどん年俸は上がるものだと思い直し、プロ入りの決断が揺らぐことはなかった。

私のプロテスト合格の情報は、すぐに家の近所に知れわたった。「ウチの町からプロ野球選手が誕生する」ということで、網野町では大騒ぎとなったのだ。家にも、ひっきりなしにお客さんがやってくる。町長もやってきたし、銀行関係者もやってきた。見たことがない人もたくさんいた。

私も一躍有名人になったようで気分がよく、隣近所の人たちも大騒ぎとなっている。しかし、そんな浮かれた雰囲気のなか、母だけは違った。客がたくさん来るので、内職ができないと文句を言っていたし、第一、私のプロ入りについても、最初は認めてくれなかったのだ。

当時私は、プロテストを受ける前に、すでにカネボウへの入社の内定をもらっていた。これは野球での入社ではなく、純粋に峰山高校工業化学科の卒業生として採用の内定をもらっていたのだ。

そのため母は、

「プロ野球みたいな世界に行っても、失敗するだけだ。それよりも地道なカネボウに行け」

と言って私のプロ入りを反対していたのだ。このとき母を説得してくれたのが、野球部部長だった清水先生である。

「せっかくのチャンスだから、プロに行かせてあげてください。ダメで戻ってきても、私が責任をもって必ず就職の世話をしますからお願いです」

我が家にまで来てこう説得してくれて、しぶしぶ母も私のプロ入りを認めてくれたのだった。

後年知ることになるのだが、この清水先生は、プロの各球団に「私の学校に野村というい い選手がいるから、ぜひ見てください」という売り込みの手紙を出してくれていたようだ。

そのなかで返事があったのが、南海だけであり、返信には「プロテストを受けるように」とあったという。この清水先生の手紙も、私のプロテスト合格をあと押ししてくれたのかもしれない。

こうしてともかくも、私はプロ野球選手として、夢に向かって第一歩を踏み出すことができたのである。

第2章

成功する人だけが知っている努力の「方法」

プロ最下層から這い上がった一軍昇格までの道

厳しいプロ生活のはじまり

私がプロ野球の世界に携わるようになってから、すでに60年以上になる。これまでに多くのプロ選手を見てきたが、**プロに入って伸びていくのか、伸びずに消えていくのか、最初の分かれ道がまず、入団早々にやってくる。**

期待されながらプロ入りしても、まったく成績を残せず消えていく選手たちは、プロ野球選手になることを、「スタート」と考えず、どこか「ゴール」ととらえているところが心の内にあるのだ。

幼いころからプロ野球選手を目指して、厳しい練習を積んできた。そしてその十数年の努力が実って、幸運にもプロ入りできたとなると、そこで少なからず達成感に浸ってしまい、気のゆるみを招くのだ。

高校時代、大学時代の目覚ましい実績を引っさげ、「〇年にひとりの逸材だ」などと、将来を嘱望されて入ってきても、そうした入団当初の意識の持ち方を誤ったことによって、まったく芽が出ず消えていった選手を私は数多く見てきた。

そのため、私が監督になった際には、ミーティングなどを通じて、新人たちに、「プロ野球選手になることはゴールではなく、スタートだ」と、いつも指導していた。

私自身のプロ入り時はどうだったかというと、達成感、慢心などというものは、これっぽっちもなかった。幸いスカウトされたわけでもなく、誰からも期待されないなかでテストを受けて入団したから、プロでなんとかクビにならず食っていきたい、安い年俸を少しでも上げて貧乏から脱出して母を楽にさせてあげたいという思いだけだった。

１９５４年１月、私は大阪府堺市の南海ホークスの二軍選手の宿舎である「初芝寮」に入った。ここは寮とは名ばかりで、狭い敷地に建つ古びた一軒家のような建物で、三畳ほどの窓もない部屋があてがわれた。

まず驚いたのが、食事の貧弱さだ。朝食は味噌汁とご飯だけなのだ。そのかわりご飯はおかわり自由なのだが、卵ひとつもつかない。これでは貧乏暮らしをしていた実家の朝食のほうが、まだましだった。別料金を払えば卵などのおかずを追加することもできたが、当時、安月給のなかから1000円を仕送りしている私にはそのような余裕はなく、ご飯を無理やり味噌汁で流し込んで空腹をしのいでいた。

夕食は多少のおかずもつくのだが、給料のいい先輩たちは外食をすることも多い。そんなとき、

「おい、野村。今晩の俺の飯、お前にやるよ」

と言われることがあるのだが、これが本当にうれしかった。

南海の二軍のトレーニングは厳しいことで有名で、入ったばかりの選手たちが、練習中に何人も倒れた。いま考えると、大したものも食べさせてもらっていないから、栄養失調もあったのかもしれない。

松葉さんという、鬼トレーナーの指導のもと、二軍選手たちは鍛えられた。練習開始早々、まず2時間ほど腹筋や腕立て、スクワットなどの筋力トレーニング。その後

ダッシュを何本もやって、ようやくキャッチボールとなる。キャッチボールにいく前に、すでにヘトヘトである。練習の途中に、ひとり、またひとりと選手が倒れていく。

私もこんなことで倒れてなるものかと必死についていったが、練習３日目だったと思う。「この先輩が倒れるまでは俺も倒れない」と目標にしていた先輩が倒れたところで、私の意識も遠のいた。気づくと、ベンチのなかで寝かされていた。当時はプロ野球でも精神野球が全盛だった。すべてが「気合だ！」、「根性だ！」のまことに非合理的世界だったのだ。

入団の際に説明を受けたときは、ソックスとアンダーシャツは自費で購入しなければならないが、ユニホームはあてがわれることになっていた。しかしふたを開けてみると、二軍選手にあてがわれるユニホームは一軍のお下がりだった。私のユニホームは、一軍の鶴岡監督のお下がりである。監督の背番号が30番で、私が60番。３を取って６が張り付けてあるのがわかるのだ。何度も洗濯して、ボロボロになったようなユニホームである。

しかもサイズが合わない。体格の違う監督のズボンでは、私はきつくてたまらない。

「これでは満足に足を曲げ伸ばしできません。ユニホームを替えてください」

とマネージャーに直訴しても、

「お前の体をユニホームに合わせろ」

と言われる始末。

昔は二軍選手の扱いとは、所詮、その程度のものだったのだ。住むところ、食べるもの、着るもの、すべて一軍と二軍で徹底的に差別されるこの世界の厳しさを、私は入団して初めて知った。

野球ど素人からの挑戦

いま考えても、まったく無名の田舎の高校から、私はよくプロテストを通過することができたものである。

甲子園の地方予選は、高校3年間で勝ったのは1試合だけ。あとはすべて1回戦敗退。実績がないだけでなく、野球の知識もまったく素人同然だった。

実は、ボールの握り方も、プロに入って初めて知ったくらいである。ある日、一軍で活躍している堀井数男さんに、ノックの始まる前、

「おい、そこの若いの。ちょっとキャッチボールやってくれ」

と言われて、一緒にキャッチボールをしたことがあった。

相手は一軍で5番を打っている選手だから、私はとても緊張してしまって、投げる

ボールが微妙に変化してしまう。堀井さんも受けづらそうにしていて、

「おい、こら。真っ直ぐ投げろ！」

と言うものだから、さらにこちらは緊張して、もっとボールが真っ直ぐいかない。

あきれた堀井さんが、

「ちょっと来い。ボール、どない握ってんねん。見せてみろ」

と言われて、こうですと握って見せたところ、

「ばっかやろう！　プロのくせにボールの握り方も知らんのか。こうやって握るんだ」

と、そこで初めてボールの握り方を教わったのだった。

それまでは、人差し指と中指をボールの縫い目に沿って握っていたが、これではボールがきれいに回転せず、微妙に変化してしまう。真っ直ぐ投げるためには、人差し指、中指を縫い目に垂直にかけて投げるのが常識であった。

しかし、田舎の峰山高校では、そのような基本を教えてくれる人もいない。授業中に自分でボールを握りながらあれこれ考え、これがいちばんいいだろうと自己流でや

っていたのだ。

まわりを見わたすと、野球名門校の選手たちや、アマチュアで実績のある選手たちばかりだったが、私は入団当初、こうした選手たちから、野球の技術だけでなく、知識においてもずいぶんと遅れをとっていたのである。

ここからは、いかに私がプロの最下層から這い上がっていったのか、当時を振り返ってみたい。

努力が続く人の「考え方」

私よりも野球の技術に優れたライバルたちに囲まれたなかで、**まず、私が考えたのが、24時間の使い方で彼らに追いつき、差をつけるということだった。**

当たり前だが誰にとっても1日は24時間である。まわりのみんなと同じことをやっていれば、その他大勢から抜け出すことはできない。まずは、他の人間よりも1分でも多く野球のために費やそうと考えた。

昼間はみな同じ練習をこなしているので、それが終わったあと、自分に毎日2〜3時間の個人練習を課した。腕立て、腹筋、背筋や、鉄アレイを使った筋トレなどの基礎トレーニングに加え、素振りも日に400回、500回と振った。

昼間の練習が苦しくて、今日くらいは休養日にしようかと怠け心が出そうなときもあったが、疲れた体にむち打って、個人練習はけっして休まなかった。

学生のころから素振りだけは欠かさなかったが、プロ入りしてからは、さらに懸命に取り組んだ。その後のプロ現役生活を通して考えてみても、私ほどバットを振った人間はいないのではないだろうか。

二軍の宿舎、初芝寮の庭は狭く、素振りをするスペースも広くなかった。そのため、他の選手が素振りをしていて場所がないときは、空くのを待っていて、前の選手が終わったところで、サッと入ってバットを振るのである。

所詮、生身の人間同士の競い合いである。他の人間より優るには、努力しかない。**努力をすれば、それは必ず報われるものだ。これは実体験を経て私が悟った真実だ。ただ、「努力に即効性はない」ということだけは、理解しておかなければならない。**

3日素振りをしたからといって、4日目にヒットが打てるとはかぎらないのだ。それなのに、**たいていの人は3日やれば4日目に打てるかもしれないと、心のどこかで思っている。だから打てなかったときに、失望が生まれ、それ以上努力することを投げ出してしまうのだ。すぐに効果は表われないとわかっていれば、簡単に失望すること**

もないのである。

また、努力の効果の表われ方にも、個人差というものがある。3ヵ月後に効果が出る人もいれば、5年後にやっと効果が出る人もいる。しかし、必ず効果は出る。

よく、努力したけれどもダメだった、と言う人がいるが、はたしてその人は、そう言えるだけ努力を続けたのだろうか。私から見ると、効果が出る前に、「俺の実力はこの程度だ」と自己限定をして、安易な道に行ってしまった人がほとんどであると思える。

二軍宿舎の庭での素振りも、キャンプ早々の2月初めには人があふれ、順番待ちをするような状態だが、3月に入るころから人は減りはじめ、4月に素振りをしているのはついに私ひとりになっていた。

それほど努力を続けるということは難しいのだ。しかし、みながで きないからこそ、これを続けることができれば、他の人たちより抜け出ることができる。

私のこの個人練習の効果は、1年以上経った、プロ2年目の秋くらいから突然表われだした。

秋季練習の打撃練習では、打つ球が面白いように飛んでいくのだ。10球中7、8球がオーバーフェンスするくらい、飛距離がアップしていた。このときほど自分の成長を実感したことはない。

当時はよく、夜中に布団から飛び起きて、寝ぼけてバットを振っていたようだ。同部屋の選手が朝、

「お前、危ないだろ。昨日、夜中に急に起き上がって素振りをしてたけど、覚えてるか」

と言われることが度々あったが、私はまったく覚えていないのである。打撃技術に開眼し、この「感覚」を忘れたくないという気持ちで日々過ごしていたときであり、その思いが強いため、夜も寝ぼけてバットを振っていたのだといまでは思う。

この世界は「素質」がすべてなのか

さて、プロ入り1年目のころに話を戻すが、なんとか二軍の練習についていった私は、6月ごろからたびたび一軍と帯同するようになった。しかしこれは、私の実力が一軍選手として認められたというわけではなかった。

ブルペンで一軍ピッチャーの球を受けるキャッチャーが不足していたこともあり、ブルペンキャッチャーという役回りで一軍と帯同したのだ。

来る日も来る日も一軍ピッチャーの球をブルペンで受けるだけで、自分の練習などはできない。コーチやマネージャーからの扱いも、まったく選手として期待されているような様子もなく、存在自体も無視されているような状態だった。

このようなひどい扱いがしばらく続くうちに、私も不安になってきた。このままでは一軍になど、なれるわけがないと思った。何もしないまま、これではクビになってしまう……。

それに、そもそもプロテスト合格時から、私には不思議な点が２つあった。プロテストの当日、なぜ、現場に一軍の鶴岡監督が来ていなかったのか。また、なぜ合格者７人のうち、４人もキャッチャーなのかという点だ。

黙々とブルペンでピッチャーの球を受けながら悩んでいた私は、意を決して二軍宿舎のキャプテンの部屋に相談に行った。

キャプテンが開口一番言ったのが、

「やっと気がついたか」

の一言である。つまり、テストに監督が見に来ていなかったのは、最初からテストでいい選手が取れるなどと思っていないということだ。有望選手は全国のスカウトが事前に情報を上げていて、テストに集まる選手はスカウトの目に留まらなかった将来性の乏しい選手であると考えられているのだ。事実、テスト生で一軍に上がった例は、これまでに１人もいないという。

また、プロチームにはピッチャーが多数いるが、その分、キャッチャーもある程度必要になってくる。つまり、ブルペンキャッチャーが絶対数必要だ。だから7人のプロテスト合格者のうち、4人もキャッチャーがいたのだと教えてくれた。

そのようなキャッチャーのことを、プロでは「カベ」と呼ぶらしい。私たちキャッチャー4人は、カべとしての採用なのだ。さらに、そうした地味で将来の希望も見えない仕事をさせるには、スレていない田舎者にかぎると考えられていた。

いまでも覚えているが、実際に採用されたキャッチャー4人は、私が京都府竹野郡、他の奴が、熊本県下益城郡、和歌山県日高郡、大阪府南河内郡とみな郡の出身の田舎者ばかりだった。

この事実を知ったときは大きなショックだった。これまでの努力がすべてバカバカしくなって、もうやめて帰ろうと本当に思った。しかし、そのときに母の顔が浮かんでくるのだ。

こんな田舎町から華やかなプロに行ったたって、どうせ失敗するのだからカネボウに行けと言っていた母に、合わせる顔がない。貧しさから脱出するためにも、簡単にあきらめるわけにもいかなかった。

球団からクビになるならまだしも、まだ、始まったばかりのプロ生活の途中で自らあきらめるわけにはいかない。どうせクビになる運命なら、やれるだけやって納得してクビになろうと考えた。個人練習だけは一日たりとも欠かさず、さらに厳しく取り組んだ。

当時の私は、この努力が報われるという確信もなかったし、「この世界は、結局、素質がすべてかもしれない」と不安ばかりだった。しかしそんな私を支えたのが、母だった。身体が弱く、貧乏で苦労ばかりしている母を、少しでも楽にさせたいという思いが心の支えだった。

幸いにして助けられたのは、私が地道な努力をコツコツと続けている一方で、まわりの他の選手たちが、簡単に日々の鍛錬から挫折していくことだった。

夏が近づくころにはすでに、夜、宿舎の庭で素振りをしているのは、私ひとりしかいなかった。夜、飲みに行く先輩たちが、そんな私に声をかける。

「おーい。野村、飲みに行くぞ！　バット振って一流になれるなら、みんな一流になってるよ、無駄、無駄。この世界は素質だよ。素質！」

そういった誘いを毎晩断って、私はバットを振り続けた。先輩の夜の誘いを断りながらも、そうやって彼らが遊んでいる間に、自分は先輩たちを追い抜くことができるのではないかと考えていた。事実、そう言って私を夜の街に誘った人たちは、しばらくするとみな消えていた。

私の手は、常にバットを振ることでできたマメでゴツゴツとしていた。年に数回、二軍監督が選手たちを集めて、みんなの手のひらをチェックしたことがあったが、そのときも、

「野村はいいマメをつくっている。みんなこれを見ろ！　これがプロの手だ！」

とほめられたものだ。当時はそれがとてもうれしくて、マメをつくるために、さらにせっせと素振りに励んだのだった。

クビ宣告と一塁へのコンバート

物言わぬ「カベ」として、日々、ブルペンで一軍ピッチャーの球を受け続けていた私だったが、そうこうしているうちに一軍での初打席を経験することになった。

当時はいまとルールが違い、25人の登録制などないから、南海のユニホームを着ていれば、誰でも試合に出られた。使う選手がいなくなった最終回、5点リードされた展開で鶴岡監督が、

「野村、三振してこい！」

とブルペンキャッチャーの私を、なかば投げやりになって出してくれた。6月17日、大阪球場での対西鉄戦であった。

大差がついている試合とはいえ、私にとってはプロ一軍の初打席。緊張で何も見え

なかった。簡単に三振で終わったことだけは覚えている。結局、プロ1年目、こんな起用のされ方で11打数無安打、5三振に終わっている。

プロ入りしてから満足な打撃練習もできず、技術的なことを指導されたこともまったくなかったのだから、この結果も当たり前ともいえる。

なんとか来年こそは結果を残してみせる、そう心に誓って、私は日々の練習に取り組んだ。

しかし、そんな矢先だった。球団課長の部屋に呼び出され、来季はもう契約をしないと、クビ宣告をされてしまうのだ。これには目の前が、真っ暗になった。

いつクビになるかわからないとは思ってはいても、1年目でその日がくるとは夢にも思っていなかったのだ。第一、まだ何もやっていない、試されてもいない。それなのになぜ、もうクビなのか。私は到底、納得できず、球団課長に食い下がった。

しかし相手も、

「これは、わしらプロの目で見た結論だ」

と譲らない。最後には私は、

「いまクビと言われても、僕は野球以外に何もできません。生きていく自信もないので、帰りの南海電車に飛び込んで死にます」

とすがりついた。これは何も脅しの言葉などではなく、そのときの私の偽らざる本音であった。何もやっていないのにクビ、というのがどうしても納得がいかない。私の鬼気迫る主張が、相手にも響いたのだろう。

球団課長はしばらく別室に行き、

「よーし、わかった。もう1年、面倒を見てやる。わしらの目は確かやけどな」

と言って、解雇を思いとどまってくれた。こうして私のプロ野球選手としての命は、首の皮一枚でつながったのだった。

来季へ向けた秋季練習へ参加すると、二軍の松本勇監督が、

「お前、クビになったんじゃないのか」

と近づいてきた。私が、頼み込んでなんとか残してもらった経緯を説明すると、

「お前の肩ではプロのキャッチャーはとても無理だ。一塁に移れ」

とコンバートを命じられてしまった。

キャッチャーであれば一軍に上がれる可能性が高いと考えて南海を志望しただけに、このコンバート指令には困りはててしまった。一軍の正キャッチャーは松井さんで、打撃は非力でチョーンと当てるだけのバッティング。8番打者であったことから、なんとか私でも、とって代わることができるのではないかと希望が持てた。

その一方、一軍の正一塁手は不動の4番打者である飯田徳治さんだ。6年以上フル試合出場を続けているような強打者である。どう見ても、一塁手になるより、キャッチャーのほうが一軍に上がる目があるように思えた。

キャッチャーを続けるか、一塁手に移るか、どうしたものか本当に私は悩んだ。狭い合宿所の部屋で、数日考え、そして出した結論が、目の前の現実を重視しようということだった。

当時、二軍の一塁手は川原という選手で、一塁手にもかかわらず線が細く、7番、8番の下位を打っていた。一方の二軍のキャッチャーは、蔭島《はいじま》さん、小辻さんという強肩キャッチャーが2人いた。

キャッチャーであれば、二軍でもなかなか出場機会を得られそうもない。しかし、一塁手となれば、二軍での試合出場は可能に思えた。

それに、松本監督がコンバートを言い渡すときに、

「お前、バッティングはいいんだから、バッティングを生かすためにも一塁に行け」

と言っていた「バッティングはいい」という言葉にとても私は引っかかっていた。

まずはバッティングをきっかけに、プロで生き残れるかもしれないと考えたのだ。

そのためには、二軍でも試合に出られなければ何も始まらない。一塁手に移ってなんとか打撃成績を残して、その実績をもとに、またキャッチャーに戻ろうと私の気持ちは固まった。

プロ2年目の年、私は一塁手へコンバートされ、二軍のレギュラーを獲得。年間打率3割2分1厘、関西ファームリーグ（現在のウエスタン・リーグ）で打撃成績2位となった。

これにより、プロ入り後からまったく自信が持てず不安ばかりだった私にも、少しの自信がついた。なんとかクビにもならず、プロとして3年目を迎えられることとなったのだった。

無人のグラウンドで取り組んだ肩のトレーニング

一塁手へコンバートされたとはいえ、必ずまた、キャッチャーに戻してもらおうと私は思っていた。そのためには克服しておかなければならない課題があった。それが、肩を強くするということであった。

プロ2年目の1年間、どうしたら肩が強くなるか、そのことばかりを考えていた。まわりの先輩たちにも、「どうすれば肩を強くできるか」と聞いてまわったが、ほとんどの人が、「足が速い、遠くへ飛ばす、そして肩が強いというのは、天性だ。努力してもそうはならない」と言うだけだった。

そのなかで、2人の先輩が、「遠投をやればいいんじゃないか」と教えてくれた。この先輩の教えに説得力があったので、私はダメでもともとと思い、肩を壊してもいい覚悟で遠投に賭けてみることにした。

試合や全体練習が終わったあと、無人の球場で毎日、遠投を続けた。テスト生として入団した同期の成松という選手に遠投につき合ってほしいと頼むと、気軽に了承してくれた。

彼自身もキャッチャーであったから、私は彼にとってライバルであるのだが、そのライバルの練習を手助けしてくれる本当に人のいい選手だった。熊本の田舎から右も左もわからず出てきた彼は、同じ田舎者の私に仲間意識を持ってくれていたのかもしれない。

また彼は、野球技術ではプロでやっていくことはなかなか難しいレベルだったから、自分はさておいても、私の手助けをしてくれたのかもしれない。毎日、私の遠投につき合ってくれた。

2ヵ月ほど遠投を毎日続けたころだろうか。それまでやってもなかなか遠投の距離は伸びず、やはり先輩たちが言っていたように肩の強さとは天性のものなのだろうか、

と絶望感やあきらめの気持ちが少しずつ湧いてきたころだ。ボールを受けてくれている成松が夕陽のなか、

「伸びた！　伸びた！」

と叫ぶようになったのだ。少しでも遠投の距離が伸びると、成松が大きな声で喜んでくれる。この言葉に、私もどれだけ救われたことか。遠投を続けることで、肩を強くできる可能性がある、そうわかったことで、さらに練習に力が入った。

また私は遠投以外にも、当時の名ショートと言われていた吉田義男さんや木塚忠助さんのプレーを食い入るように見て研究した。吉田さんなどは本当に魔術師のようで、ボールを捕球したと思ったら、あっという間に送球している。

そのモーションの速さを盗めないかと考えた。たとえ肩が弱くても、捕ってから速く投げれば、肩の弱さはカバーできるからだ。

そうやって研究していると、上体だけで素早く投げているように見えて、実は足腰をしっかり使っていることが見えてくる。速く、強く、正確に投げるためには、足腰

を使わなければならない。

足腰の大切さは、スローイングだけではなく、バッティングも同じだということも次第にわかってくる。当たり前のことだが、こういう野球の基本的な部分がわかってくることが、とても楽しかった。さまざまな体の使い方、方法がわかってくると、新たな可能性も見えてきて、野球が楽しくてたまらなかった。

来る日も来る日も、夕暮れの誰もいない球場で遠投を続けるなか、「伸びた！　伸びた！」という成松の掛け声とともに、私の肩も少しずつ強くなっていったのだった。

指導したくなるように思わせるのがプロの世界

プロ2年目のシーズン、なんとか一塁手として二軍のレギュラーをつかんだ私は、3割2分1厘を打って、ウエスタン・リーグの打率2位となった。シーズン後の秋季練習で私は、この実績を背景に、なんとかキャッチャーへ戻してもらえないかと二軍の松本監督に直訴した。

監督は、

「バッティングを生かして、そのままファーストでいいじゃないか。そこまでなんでキャッチャーにこだわるんだ」

と聞いてきたが、一軍のファーストの飯田さんを抜くより、キャッチャーの松井さんにとって代わるほうが可能性が高いから、などとは言えないので、

「キャッチャーが大好きなんです」

と私も押し通した。松本監督も仕方ないと思ったのか、

「それじゃあ、ちょっとやってみい」

ということで、キャッチャーのポジションについて、実演してみせることになった。

そこで私が、以前よりも鋭くなった送球を二塁へと送ると、監督の表情が一変した。

「お前、ようなってるじゃないか！」

驚いた表情を浮かべながら監督は、私の送球をじっと見ている。しばらくして監督は、私のキャッチャーへの復帰を認めてくれた。そして、秋季練習の間、私につきっきりで指導をしてくれたのだ。

松本監督もキャッチャー出身であることから、足の運びから手の動き、細かな部分まで一つひとつ初めて指導をしてくれた。プロ入りしてこれまで、なんの技術指導も受けてこなかった私にとって、松本さんのマンツーマンの指導は本当にありがたいものだった。

そうやって指導を受けるなかで私は、**「そうか、こちらから指導を求めるのではな**

く、相手が指導したくなるようにもっていくのがプロなのか」と初めて気がついた。いい選手はたくさんいるのだ。そのなかで指導したいと思われて、初めて指導してもらえる。それがプロの世界なのだ。

松本監督は、この1年近く、私がいつも試合や練習のあと、暗くなるまで遠投をやっていることを知っていたようだった。悩み、必死に取り組んでいるその姿を見て、テスト生上がりの無名の選手ではあったが、つきっきりで私を指導してやろうという気になったのに違いない。

松本さんとの「縁」がなければ、いまの私もいないだろう。私のキャッチャーとしての基本を指導してくれ、また、私の一軍昇格のきっかけをつくってくれたのも、この松本さんだったのだ。

訪れた成功への「きっかけ」

このプロ2年目の秋季練習から、前述もしたが、バッティングの技術も飛躍的に伸びていることを私は実感した。打撃練習で、面白いように球がスタンドインする。天才は別にしても、やはり私のような普通の人間は、自分を向上させようと思ったら、努力しかない。そして、その努力は継続していれば、必ず裏切らないものだと確信するようになった。

この年、南海は一軍がリーグ優勝したので、年明けの春季キャンプはご褒美もかねてハワイで行われることとなった。キャンプではキャッチャーも不足するので、二軍からも1人、キャッチャーを連れて行くと、一軍の鶴岡監督が新聞でコメントしているのを私は読んだ。

候補は蔭島さんか私のどちらかであったが、蔭島さんのほうが先輩であったし、私はこの前の秋からキャッチャーに戻ったような選手だ。当然、蔭島さんが行くものと考えて、うらやましく思っていたら、なんと私がハワイ行きを命じられた。

二軍の松本監督が、私を推薦してくれたからだった。蔭島さんと私を比べ、松本さんが私のほうが将来性があるとみてくれたことが、とてもうれしかった。このハワイキャンプに参加できたことが、私の一軍への道を切り開くきっかけとなったのだ。

当時はまだ、海外旅行など一般的にはなっておらず、ハワイに行くなどということはたいへんな時代だった。そのため、野球をするために行ってはいるものの、選手たちはみな観光気分で明らかに浮かれていた。

宿舎だったコバヤシホテルでは、夜になるとみんな遊びに出かけていて、マネージャーと私の2人しかいなかった。

私はブルペンキャッチャー兼用具係としてハワイに同行したので、練習のあとは毎日、ボールの数を数えたり、用具の整理などをしていた。

私も街に遊びに出かけたかったが、お金もないし、一軍に知り合いもいない。結局、用具整理のあとは毎晩、ひとりでバットを振っていた。

私の2年先輩に、正捕手の松井さんの控えで、小辻さんというキャッチャーがいたが、彼もハワイでハメを外し、先輩たちと飲み歩いて鶴岡監督に、

「お前は日本に帰ったらクビじゃ！　分もわきまえないで毎晩、遊びまわりやがって！」

と激しく叱責されていた。

ハワイキャンプの終盤では、地元ハワイのチームと試合が組まれていたが、レギュラーの松井さんが肩の痛みで休場。控えの小辻さんも監督の逆鱗に触れて、試合で使ってもらえない。

結果的にキャッチャーは私しかおらず、

「野村、ええから、お前いけ！」

とやけくそで使ってもらえた。相手はちょうど、日本の二軍レベルだから、私にとっては打ちごろである。十数試合を戦ってチームは全勝。私は3割以上の打率を残す

ことができた。

ハワイの野球連盟からは、MVPとして4番バッターの飯田さん、野手の新人賞として私が表彰された。

キャンプが終わり帰国すると、翌日の新聞記事には記者の質問に答える鶴岡監督の以下のようなコメントが載っていた。

「ハワイキャンプは遊びにうつつを抜かすものばかりで、大失敗だった。しかしひとつだけ収穫があった。それは、野村に使えるめどがついたことだ」

最後の一文を読んで、私は飛び上がりたいほどうれしかった。大きな自信にもなったし、今シーズンこそは一軍で活躍しようと心に誓ったのだった。

奪い取った一軍レギュラーの座

鶴岡監督はコメントのとおり、オープン戦でも私を起用し、ついにプロ入り３年目にして、私は開幕を一軍で迎えることができた。

大阪球場での阪急との開幕戦、私は８回からマスクをかぶることになった。この試合では、この年盗塁王となる河野旭輝選手を二塁で刺し、肩の弱さを克服したことを首脳陣にアピールすることができた。

しかし打つほうでは、１打数無安打。翌日の試合は先輩キャッチャーの松井さんを差し置いて、先発フル出場を果たすが、３打数無安打。

その後も、松井さんと交互に起用されるが、一向にヒットは出ず、30打席無安打が続いた。

一軍の舞台に上がっても、緊張してまわりが見えないし、自分の思うように何もできない。焦れば焦るほど、「もうこれは二度とないチャンスだ」、「これを逃したら二軍に落とされる」と自分で自分を勝手に追い詰めていく。つまりこれが、「上がる」ということなのだろう。

日ごろのバッティングができず、守備でもパスボールをしてしまう。また、当時の先輩ピッチャーたちは、新人のキャッチャーをよくいじめて楽しんでいる人が多かった。

いつも決まってノーサインで投げる先輩ピッチャーがいたのだが、ランナーが出たときなどはマウンドまで行って、

「先輩、ここはパスボールできませんから、一応、お伺いでサインを出しますから、そのとおり投げてください。お願いします」

と言ったこともあった。すると先輩も、

「よーし、わかった」

と言ってくれるから、ほっとしてカーブのサインを出すと、平気で真っ直ぐを投げ

てくるのだ。「これはダメだ」と思って、必死で後ろにそらさないようにするのが精いっぱいであった。

いま考えると監督も、二十数打数もヒットが出ない私をよく使ってくれたものである。私の将来性に期待をしてくれた部分もあるだろうが、それまでの二番手キャッチャーであった小辻さんが、ハワイキャンプ以来、監督の心象を悪くしていたことも私には幸いしたのだろう。

ヒットが出ない日が何日も続くと、もう外されるだろう、明日は使ってもらえないだろうと、日に日に焦りは募り、私は夢にまでみるようになっていった。バッターボックスで構えていると、顔にバーンとボールがぶつかって目が覚めるのだ。

ようやくプロ初安打が生まれたのが、開幕から10試合目、藤井寺球場での近鉄戦だった。5対0の大量リードで迎えた8回、ピッチャー辻中貞年の初球を打って、ゴロで三遊間を抜けるレフト前ヒットだった。相手の辻中は、二軍でもしょっちゅう顔を合わせていた選手で、バリバリの一軍ピッチャーというわけでもないから、正直、自信にも何もならなかった。

この年、ホームランも7本打っているが、不思議なくらい、まったく記憶にない。毎日が一軍に残る、レギュラーを獲ることで必死であったから記憶にないのかもしれない。常に、「二軍には二度と行きたくない」という強烈な思いだけで野球をやっていた。

しかしその後も、私の打撃は上向くことがなく、ついに5月ごろには二軍に落とされてしまう。このときは本当に落ち込み、「クビ」もほぼ覚悟した。クビになったあと、どうすればいいのか。そのことを考えると、お先真っ暗だった。

高卒で就職していれば、まだ学校の推薦もあったからどこかに入社することは可能だったが、いまさら社会に投げ出されても就職口がない。第一、私に野球以外に何ができるというのか。

日々、マイナス思考に陥っていくなかで私が考えたのは、やはり田舎の母のことだった。ひどい貧困のなか、病をおして私を育ててくれた母。いまでも病弱な体に、無理をして働き続けている。これまで苦労ばかりの人生だった母を、なんとか楽にさせてあげたい。そのためには、ここで簡単にあきらめるわけにはいかなかった。

私は考えた。キャッチャーとしての能力では、私は一軍には戻れないように思えた。松井さんとリード面で競っても、現段階ではかなわない。配球などのキャッチャーの技術力は経験によるものが多いからだ。

それよりもバッティングで松井さんに勝るしかない。幸い松井さんの打撃は、チョーンと当てるだけのバッティングで、長打力があるわけではない。また、弱点のバッティングを向上させようと、松井さんが素振りをしたりするなど努力している姿を私はまったく見たことがなかった。そういった私生活を見ても、私にはいずれ追い抜くことができるという希望が湧いてきた。私は一軍復帰への取り組みとして、バッティング１本に絞ることにし、それまで以上に毎日の素振りや、筋力トレーニングなど、打撃向上の個人練習に努めた。

この不断の努力が、報われるときがやってきた。私は、本当に運がいい。

この年の優勝は、中西太、豊田泰光、大下弘らの強力打線を擁した西鉄だった。南海がバントや盗塁などの小技をからめて1点取っても、西鉄の長打であっという間に逆転されてしまう。

こういった現状に、鶴岡監督もこれからはパワーの時代と考えて、チームの大型化への変革を打ち出す。これによって、穴吹義雄、寺田陽介、大沢啓二らの体格の大きい選手を並べた「4百フィート打線」が誕生する。

優勝の行方がほぼ決まった夏過ぎ、身長175センチで当時としては大きかった私も、一軍に呼び戻されたのだった。

優勝がすでに西鉄にほぼ決まっているようなときだから、肩の力が抜けてよかったのかもしれない。開幕当初に打てなかったことがウソのように、ヒットが出た。後半だけで、ホームランを6本量産したのだった。

このチーム変革の流れに乗って、私は一軍のレギュラーを獲得することに成功する。

後年、松井さんが後悔の念を私に語ったことがあった。

「肩が痛いなどと言って、試合を休むほどでもないのに、休んだ俺が大失敗だった。まさかお前に抜かれるとは、夢にも思わなかった」

これは松井さんの本音だろう。私はテスト生で、契約金もゼロ。騒がれて入団したわけではないので、「野村なんていうのが、いたのも知らなかった」とも言っていた。二番手キャッチャーだった小辻さんが監督の心象を害して脱落し、またちょうど大型化のチーム改革のタイミングがやってきたことで、私は一軍レギュラーを獲得することができたのだ。

いま振り返っても、本当にツキがあったと思う。ただその「運」を自分のものにできるかは、日々の取り組み方次第であることは確かだ。私がチャンスをつかめたのも、プロ入りしてから続けてきた不断の努力があったからだろう。

運がめぐってきたときに、日々、取り組んできた人だけが、それをつかむことができる。日々をおろそかにしていたものは、チャンスをつかめず、「運」がめぐってきたことにさえ気づかないのではないだろうか。誰にも「運」はめぐってきているのだ。

成功したものは「私は運がいい」と言い、成功できなかったものは「私は運がない」と言うのはそういうことかもしれない。

第3章

素質のない私が、いかにして「一流」となったか

凡人が頂点を獲るための「考え方」とは

素質では乗り越えられない壁を、どう越えるか

一軍キャッチャーのレギュラーをつかんだ私は、1957年、プロ入り4年目のシーズンを迎えた。

松井さんの休場をきっかけに、正捕手の座を奪い取った私は、自身がレギュラーになってからは、どんなことがあっても試合だけは出続けようと考えた。

せっかくつかんだレギュラーの座だが、休んでしまったら、また誰かに取られてしまう。このポジションは誰にも渡さないと、常に危機感をもって24時間野球漬けの毎日を送った。

とにかくバットを振るしかないと考え、振って振って振りまくった。その甲斐があったのだろう、バッティングの調子は前年後半からの好調を維持し続け、なんと年間

30本塁打を記録して、パ・リーグのホームラン王のタイトルを獲得する。22歳にして獲った、私の最初のホームラン王のタイトルだった。

表彰式では打点王の中西太さん、首位打者の山内一弘さんと並んで表彰され、本当に自分はリーグを代表するこの先輩たちを抑えて本塁打王になったのかと、天にも昇るような気持ちだった。

まったく無名、誰からも期待されず、テスト生としてプロの世界に入ったが、これで自分もなんとかやっていける。そう私は思った。

また、本塁打王を獲って、年俸も上がり、気持ちにも多少の余裕ができてきた。夜の街に遊びに誘ってくれるタニマチも増えてくる。この時期が唯一、一瞬、私がプロ野球人生で油断をした時期かもしれない。

続くプロ5年目、6年目と、私はプロの壁に直面してしまう。4年目に3割2厘だった打率は、2割5分、6分と低迷してしまう。なぜここまで不調に陥ってしまったのか理由もわからず、私は悩んでいた。

そんなある日、その日も凡打に倒れ、試合後にロッカールームで頭を抱えてしょげているときだった。

ある先輩が私に声をかけた。

「野村よ、ぶん殴ったほうは忘れても、殴られたほうは忘れてねぇぞ」

この言葉で、私は目が覚めた。そうか！　打った私は忘れていても、打たれたほうのピッチャーは、次は打たれないように対策を練ってきているのだ。私が不調になったわけではなく、相手の対策に私が抑えられているということだ。

なぜ負けたかは考えるが、なぜ勝ったかは考えない。人間とはそういうものであり、そこに勝負の落とし穴がある。

以前はよく、「2年目のジンクス」などと言うこともあったが、それも、1年目の活躍に対して、まわりが対処して、「仕返し」をした結果がほとんどだ。

私にとってのウィークポイントは、はっきりしていた。カーブがまるっきり打てなかったのだ。そこを、相手ピッチャーはことごとく突いてきた。

私がバッターボックスに立つとお客さんが、

「カーブの打てない、の・む・ら！」

「カーブのおばけが来るぞ！」

とヤジを飛ばすような状況だった。

新聞でも、「変化球の打てない野村」と叩かれ、よけいに意識して三振を重ね、確かこの当時のリーグ三振王という不名誉なタイトルも獲得している。

悩んだ私は、コーチや監督に相談をしてみたが、

「ボールをよく見て、スコーンと打ちゃあいいんだ」

とそれだけだった。当時の監督、コーチのアドバイスといったら、その程度だったのだ。

思いあまった私は、オールスター戦の際、リーグを代表する打者の中西さんと山内さんに勇気を出して聞いてみた。

「先輩方はどうやってカーブに対応してらっしゃるのですか」

意を決した私の質問であったが、返ってきた答えは、

「そのうち打てるようになるよ」

「経験や」

といったそっけないものだった。これといった参考にもならず、ひどく落胆したのを覚えている。

私が引退したあと、このときのやり取りを山内さんに話し、なぜ、何も教えてくれなかったのか問うと、

「そりゃ、お前さんはライバルだったから、簡単に企業秘密を教えられるわけがないだろ」

と話してくれた。

まだ、プロ駆け出しの私であったが、山内さんはライバル視してくれていたようだった。

結局、誰からのアドバイスや指導もなかったので、頼るものは自分だけしかいない。カーブをいかに打つか、私は試行錯誤を繰り返した。

だが、いくら練習し、パワーをつけ、バットコントロールを磨いても、乗り越えられない限界があると、このとき私は痛感した。なんと自分は反射神経、運動神経が鈍

いのかと落胆し、自分の持って生まれた素質では乗り越えられない技術力の限界に絶望もしていた。

しかし、技術的な訓練を限界までやってみると、見えてくる世界がある。そこに私は、新たな希望の光を見つけた。

技術的限界にぶつかっても、落胆する必要はない

私は監督時代、選手たちに「技術的限界にぶつかって、そこからプロの戦いが始まる」とよく言っていた。これは私の実体験によるものだ。

ピッチャーからバッターまでの18・44メートルの間で、ストレートを待ちながら、来た変化球にも対応するということは、私にとっては能力の限界であり、とてもできないと考えた。

すべてのバッターにとっては、「変化球への対応」が共通のテーマである。ストレートだろうと変化球だろうと、来た球を打とうと思って待っていて、どんな球でも打てるのはほんの一握りの天才だけだ。だからみんな、変化球にどう対応するかという壁にぶつかる。

技術的な練習を限界までやってはみたが、自分の持って生まれた能力では、変化球を打つことは難しいと絶望しかけたときだった。私にひとつのヒントを示してくれたのは、ある本だった。

米大リーグで最後の４割打者となったテッド・ウィリアムズが書いた『打撃論』という本である。ファンの方が、私宛に送ってくれたのだ。

私は以前から野球技術に関する本は何冊も読んでいたが、当時の日本にはあまり役に立つような技術指導の本はなかった。野球の本自体も、まだまだ数が少なかったのだ。

しかし、送られてきた『打撃論』をパラパラとめくってみると、とても実戦的で、釘づけになった。とくに引きつけられたのは以下のような一節だった。

「……投手は捕手のサインを見終わって振りかぶるときには、真っ直ぐを投げるか、変化球を投げるか１００％決めている。そこに小さな変化が出るのだ。その変化によって、私は投手が投げてくる球種を80％以上、事前に見抜ける」

私は、これだ！　と思った。「小さな変化」とはクセのことだろう。相手の投球のクセを見抜ければ、変化球が来ることを事前に読むこともできる。カーブが来ると事前にわかっていれば、私も対応できる可能性が格段に上がる。

「山を張る」というと、学校の試験などでは印象も悪いが、技術練習を散々繰り返し、能力の限界を身に染みて知った当時の私にとっては、もうこれしか方法はないという心境だった。

ただ、単なる「山勘」ではダメだと考えていた。そこに「根拠」のあるものでなければならない。しっかりとした根拠があれば、それは「山勘」ではなく、立派な「読み」になる。**この「読み」で打つバッターにならなければ、自分はこの世界で生き残ることができないと、私は腹をくくった。**

そこで私は、対戦相手のピッチャーたちの投球を食い入るように見ていった。当時のピッチャーはグラブで握りを隠したりもしていなかったので、ボールの白い部分の見え方が球種によって違ったりしている場合があることに気づいた。

またクセ探しを真剣に続けていると、観察眼が次第に鋭くなっていく。フォークを投げるとき、ボールを人差し指と中指に挟むよう押し込む際、グラブの外側がほんの少しふくらむといったような微妙な違いにも、気づけるようになっていった。

こうして目を皿のようにして観察を続けていると、どんなピッチャーにも、必ずクセがあることがわかってきた。「なくて七癖」とは、よく言ったものである。

相手ピッチャーが渾身の力で投げ込んでくる決め球を、鮮やかに打ち返しホームランにすると、マスクをかぶっている相手チームのキャッチャーから、

「ノムさん、クセ知ってるんでしょう。隠せと言ってるのに、あいつら全然直そうとしない」

とあきらめたようにボヤかれることがよくあったものだ。

相手の体にほんの少し現われるクセから球種を読むことで、私のバッティングはさらなる進化を遂げることができた。これにより、以後、8年連続の本塁打王タイトルや三冠王を獲得するのである。

こうした実体験があるからこそ、私は監督になってからも、冒頭で触れたような「技術的限界にぶつかって、そこからプロの戦いが始まる」という言葉を、悩んでいる選手たちに向かって言っていた。

たとえば、それまで速球派としてならしたピッチャーが、ある時期から変化球主体の技巧派へと転ずるケースがある。こういった場合も、自分の速球派投手としての限界にぶつかり悩み、能力の限界を悟ったことで、新たな技巧派としての可能性を発見できたと言えよう。

限界にぶつかり、「このままでは自分はダメだ。何かを変えなければならない。どうすれば自分の可能性を生かすことができるのか」と探究した結果が開花し、さらに活躍する選手たちがいるのだ。私はこういったプロセス、変化が、まさしく人間の進歩だと考えている。

技術的限界は誰にもあるものだ。それに落胆する必要はない。限界にぶつかったからこそ見えてくる、新たな可能性がそこにあるのだ。技術的な限界はあるが、自分の可能性を探求することに限界はない。無限だ。

真似ることで技術を高める

変化球打ちに悩んでいた当時、私はよく先輩選手たちのバッティングフォームを食い入るように見て研究していた。

当時のパ・リーグを代表するバッターは、前にも触れた中西太さんと、山内一弘さんだった。

中西さんは豪快なバットスイングと、驚異的な飛距離で多くのファンを魅了していた。試合のときなど、三塁側のネクストバッターズサークルで中西さんが素振りをすると、一塁側の我々のベンチにまで「ブンッ！」という音が聞こえてくるのだ。そのような打者は、後にも先にも中西さんただひとりだった。

私は少しでも中西さんの技術を盗めないかと、そのフォームを必死になって真似てみた。しかし、数ヵ月やっても、どうもしっくりこない。自分には向かないように感じた。

そこで今度は、山内さんのフォームを、穴が開くほど観察して真似てみた。山内さんは内角球の打ち方には絶妙な技術があり、「打撃の職人」とも呼ばれていた。変化球打ちに定評のあった、山内さんのフォームを徹底的に真似ていると、これが私にはしっくりきた。

真似ていくなかで、体の使い方、動かし方など、新たな発見がたびたびあり、そこに野村流を加えることで、私は自分のバッティングをつくっていったのだ。

技術を習得する場合、**1から10まですべてオリジナルを考案することは難しい。どんな名選手でも、これはという一流選手のお手本から技術を盗んで、自分のものを確立していっているものである。**

また、一流と言われる選手たちは必ず、「理にかなった動き」をしているもので、それらをひとつずつ真似していくことで、必ず何か気づきを得るものだ。

その意味からも、**技術習得には、「まず模倣から入る」ということが、近道だと私は思っている。**

もちろん、ただ真似をするだけで終わっては意味がない。それではただの形態模写である。そこに、自分の体格や素質に見合った「自分流」を加える。真似るなかで、お手本の技術的な利点や、自分のこれまでのやり方の問題点や利点に気づき改良していく。

そうしたプロセスが、技術的進歩と言えるだろう。「人の真似なんか嫌だ」などと思わず、まず、身のまわりのお手本を探すことが大切だと私は考えている。

一流が一流を育てる

私の野球界での成長を可能にしたのは、ライバルとのしのぎを削る闘いだったともいえる。いまでも記憶に残るのは、西鉄のエース稲尾和久との切磋琢磨である。

稲尾はホップするような伸びのあるストレートと、右バッターの内角をえぐるシュート、外角へ滑るように消えていくスライダーを武器に、通算276勝を挙げた球史に残る大投手だ。

1958年の日本シリーズで西鉄が巨人に、3連敗のあと4連勝して日本一になった際には、稲尾が連投して4勝すべてを挙げて、「神様、仏様、稲尾様」と言われたほどだった。

そんな稲尾に対して、私がいた南海も、他チーム同様、手を焼いていた。当時の南海—西鉄戦は、セ・リーグの巨人—阪神戦に匹敵する人気カードで、いつも大阪球場は超満員であった。

南海の鶴岡監督にとっても、西鉄の三原脩監督はライバルであり、勝つことが至上命題のカードでもあった。

そのような事情もあってか、ある日、鶴岡監督と球場の通路ですれ違いざまに、

「お前は安物のピッチャーはよう打つが、一流は打てんのう」

と嫌味を言われたことがあった。「一流」とは誰だろうかと考えて、すぐにそれが稲尾のことだとわかった。当時の私は、稲尾に徹底的にカモにされていたからだ。

なんとか稲尾を打ち崩さなければならない。そこから、私の「稲尾」研究が始まった。知り合いに頼み、彼のピッチングフォームをネット裏から16ミリで撮影してもらい、それを徹底的に研究した。

何度も何度も、まさに擦り切れるほど映像を見た結果、とうとう私は小さな「クセ」らしきものを発見した。投球時にボールの白い部分が少し広めに見えるときは変化球、比較的狭く見えるときは真っ直ぐという兆候があったのだ。

早速私は、肉眼でも確認すべくグラウンドでも試してみると、やはり同様の結果であった。

稲尾の投球のクセを見抜いたことで、私は彼の攻略に成功する。それまで、1958年は対戦打率1割8分8厘、59年は2割4分に抑えられていたのが、60年には3割近くまで打ち込むことに成功するのだ。

稲尾が決め球で投じたシュートを快打すると、マウンド上で稲尾が「これまで抑えていたのに、なぜだろう」と不思議そうな表情を浮かべていたのがいまでも記憶に残っている。

しかしそのような優位な対戦状況も、長くは続かない。オールスター戦での、南海の同僚・杉浦忠の不用意な一言で、状況は一変する。

私と杉浦と稲尾とで、セ・リーグのバッティング練習をベンチで見ていたときのことだ。3人で世間話をしていると、杉浦が私をほめようとしてか、

「サイちゃん（稲尾のあだ名）よ、野村はよう研究しとるで」

と言い出したのだ。私はやめとけと、杉浦を制したが、時すでに遅かった。稲尾の表情がみるみる真剣な顔つきに変わっていくのが見て取れた。しまった！　気づかれたかもしれない、と私は思ったが、かろうじて話題を変えたので、まだ稲尾はわかっていないかもしれないと淡い期待をしていた。

かくしてオールスター明けの、稲尾との最初の対戦がやってきた。１球様子を見ようとうかがっていると、ボールの白い部分が広く見えたので、変化球と判断したが、来たボールは意に反して真っ直ぐだった。

おかしい、と思い稲尾のほうを見ると、彼がニタッと笑っているのである。彼は私が投球のクセから球種を呼んでいることを察知して、自身のクセをしっかりと修正してきたのだ。杉浦のたった一言から、ここまで対応してくるとはさすが稲尾である。

この後も、稲尾と私の化かし合いは続くのだが、その過程で稲尾は、他チームのピッチャーたちにも、「最近のバッターは、ピッチャーのこんなクセを見ているらしい」と言いふらしていく。

それがきっかけになって、日本のプロ野球でもピッチャーが手元をグラブでしっかり隠すことが広まっていったのだ。メジャーリーグの習慣が日本に広まることで、グラブで投手が手元を隠すようになったと言う人もいるが、実は、もともとのきっかけは、私と稲尾との対戦にあるのだ。

よく「名投手が強打者を育てる」、「強打者が名投手を育てる」と言われるが、まさにそのとおりで、稲尾という一流ピッチャーとの闘いを通じて、私はバッターとしてのレベルを上げていったと言える。

劣等感が人を成長させる

1960年ごろから、私は「野村メモ」をつけだすようになる。これはこれまで述べたようなピッチャーごとの細かなクセや、対戦で気づいたことなどを大学ノートにメモしたものだ。

次回の対戦の際に、前回はどうだったかと見直し、そこから相手の心理、配球などを読んだりもする。

また、それぞれの対戦キャッチャーの細かな配球もメモし、それぞれにどういった傾向があるのかも整理していった。

すると、さまざまなことがわかってくる。一口にカウントといっても、0―0（ノーストライク・ノーボール）から2―3まで12通りのカウントがあり、そのそれぞれのカウントごとにピッチャー心理、バッター心理、キャッチャー心理が違ってくる。アウトカウントやランナーの有無でも、それぞれにおける大まかな傾向というものが見えてくるのだ。

まだ野球界にデータ分析などという言葉がなかった時代だから、スコアラーから毎試合資料をもらって、ひとりでコツコツとノートにその日の投球内容をメモしていった。

こうしてつかんだデータ、傾向が、自分がバッターとしてピッチャーを攻略する際はもちろんのこと、マスクをかぶって自軍のピッチャーをリードする際にも大いに参考になるものだった。

私は実際は2割5分の実力しかない打者だったと思っているが、3割までの残り5分を、このピッチャーのクセや配球のデータを活用することでカバーすることができたと考えている。

私は1961年より、8年連続でパ・リーグの本塁打王を獲得することができた。62年には、年間44本のホームランを打って、それまでの43本だったパ・リーグ記録を更新した。

そして翌63年には、52本のホームランを量産し、当時の日本記録を更新したのだった。それまでの記録は、「ラビット・ボール」と呼ばれる飛ぶボールを使っていた時代の記録で、１９５０年に松竹の小鶴誠さんが打った51本だった。

記録達成は、劇的なホームランであった。シーズン最終戦、藤井寺球場での近鉄戦だった。７回２死１、３塁で、投手は山本重政。

最終試合の最終打席という局面で、ここで打てなければタイ記録で終わってしまう場面だった。相手投手も、不名誉な記録を残したくないから、ストライクをまったく投げてこない。

カウントが０－３となったところで、観客席からはブーイングも起こりだした。この観客の声が相手投手の山本にも影響したのかもしれない。外角に大きく外すところを、ストライクに近いコースに投げてきた。

私は、歩かされても仕方ない、と思いながらも、振りかぶってピッチャーが投げる瞬間、大きくホームベースよりに踏み込み、思い切り振った。

すると打球は、低い弾道を描き、ショートの頭を越え、神がかり的に左翼席に飛び込んだのだった。打った私も、まさか入るとは思わなかったが、レフトを守っていた土井正博が試合後に、ほんの10センチあるかないかのギリギリでフェンスを越えたことを教えてくれた。

相手投手の山本が、それまでの3球、外角に外す配球をしていたので、ここは次も必ず外角に外してくる、という読みが功を奏した一発だった。

3年連続の本塁打王を獲得し、63年は最優秀選手にも選ばれた。まさに、パ・リーグを代表するバッターとして評価されるようになったといえる。この年には、エールフランスの招待で、長嶋、王、稲尾、私の4人でヨーロッパ旅行をしたのもいい思い出だ。

まだ、海外旅行が珍しい時代で、まったくの珍道中であった。みな我が道を行くものばかりで、朝の集合時刻に誰も集まらない。たった4人なのに、全員集合するのに一苦労で、よく集団行動ができたものである。

このように私のまわりも、入団当初の誰からも相手にされないような扱いから、プロの一流選手に対する扱いへと随分変わってきた。記者たちがいつも周囲にいるし、メディアへの出演も増えてきた。

しかし、まわりは私のことを「一流選手」として扱ってはくれるようになったが、私の内心は、「よく自分のようなヘボなバッターに、みな打たれるものだ」というのが正直なところだった。自分自身では弱点もわかっているし、こう攻められたら嫌だというものもあるのだが、相手はまったくわかっていない。逆に、「野村はよう研究しとる」といった評判が立つくらいで、おこがましいかぎりだった。

このような心境だったから、驕るような気持ちはまったくなく、それが自分のその後の成長にとてもよかったのだろう。

天狗になるよりもむしろ、田舎の無名の高校からテスト生で入団したという劣等感で、心のなかは依然として一杯であった。「自分のような無名の、素質のない人間」という劣等感だけは、現役をやめるまで私をとらえて放さなかった。

三冠王獲得で思い知った「人生の運」

プロ野球の本塁打記録を更新した翌年、1964年のシーズンも41本の本塁打を放ち、打点は115点を挙げ、ホームラン王、打点王の二冠を獲る。チームも日本シリーズで阪神を4勝3敗で下し、日本一を達成した。

その年のオフ、契約更改では年俸がどれだけ上がるかと、私は大いに楽しみにしていた。しかし、ふたを開けてみると、まったく予想外の結果が待っていた。

この年、南海の球団社長は新社長になったばかりだった。新山滋・新社長にとっては、球団の赤字体質を改善することが第一の経営課題であり、選手の年俸を削って人件費を減らすことが大きな手柄になると考えたのだろう。

契約更改の席で示された年俸は、前年より20パーセント近いダウンの提示だった。

本塁打、打点の二冠を獲っているのに、大幅ダウンという提示に、私は「話にならない」と席を蹴った。

交渉はその後も平行線で年を越し、春季キャンプは自費で参加することになった。ダウン提示がどうしても納得のいかない私に対して、球団側は、

「本塁打、打点の二冠は獲ったが、打率が2割6分2厘では低すぎる」

という説明を繰り返すのみだった。

「野球は大好きだけど、南海は大嫌いだ」と記者にポロっとこぼしたコメントが記事になり、物議を醸したのもこのころだ。南海がケチな球団であることは前からわかっていたが、あらためて、自分はなんと貧乏性、苦労性の星の下に生まれたのかと、自身の境遇を呪った。

ダウン提示を最後まで引き下げない球団側に、最後は私もあきらめの境地になっていった。私がいちばん望んでいるのは、野球をすることである。契約をしなければ、野球はできない。

結局、5％ほどのダウンで、私は契約を更改した。サインをしたその場で私は言っ

た。

「二冠を獲って、日本一になっても減俸なら、どうしたら給料を上げてくれるんですか。もう、三冠王しかないですね」

私の皮肉を、新山社長はニタっと笑って、黙って聞いていた。まさかこの言葉が現実になるとは、当時の私もまったく思っていなかった。


1965年のシーズンが開幕した。

いつも春先はエンジンのかかりが遅い私が、この年は開幕早々から好調を維持した。5月が3割3分3厘、6月が3割4分4厘、7月が3割9分5厘と打ちまくった。シーズン終盤に入って、打点と打率ではどうやらタイトル獲得の可能性が見えてきた。残るホームランのタイトルは、阪急のスペンサーと競り合っていて予断を許さない状況であった。

当時は、外国人選手に対する日本人選手のライバル意識は凄まじいものがあった。いくらメジャー経験者とはいえ、そこで活躍できず放出されて来日した選手に負けるわけにはいかない。ましてや、タイトルを獲られるなどというのは日本のプロ野球の恥だと考える向きがあり、私自身も、スペンサーにだけは負けられないと執念を燃やした。

そして9月に入っても、私たちのデットヒートは続いていたが、ここで「運」が私に味方する。

球場に行くと、記者たちが「おめでとうございます」と話しかけてくるのでなんのことかと聞くと、なんとスペンサーが球場に向かうためバイクを運転中に事故を起こし、足を骨折して今季絶望だというのだ。

この話を聞いて、「自分は本当に運が強い」と恐ろしくなった。あのとき、スペンサーがケガをしていなければ、私はたぶん、本塁打王のタイトルを獲れていないだろう。結局、スペンサーは本塁打38本。私は42本を打って、本塁打、打点、打率のタイトルを獲得し、三冠王となる。

これは、実質、日本プロ野球界初の三冠王だった。戦前にひとりだけ、1938年に中島治康さんが三冠王となっているが、これは試合数の少ない時代で、本塁打も10

本しか記録していない。

これだけの大記録を達成したことが、いまでも自分自身のこととは私には思えないところがある。とにかく私にはツキがあった。

スペンサーのケガだけでなく、打率においても、毎年、上位の常連だった榎本喜八や張本勲らがそろって不調であったことも私には幸いした。もともと私は、高打率を残すようなタイプのバッターではない。

また、80年のプロ野球の歴史を見ても、キャッチャーを守っているものが、高打率を残すことが難しいとわかる。肉体的な負担が大きく、疲労の激しいポジションゆえに、シーズンを通して打率を維持することが難しい。

さらには気持ちのうえでも、難しいものがある。相手チームに大量点を取られて負けている試合などでは、キャッチャーであれば当然、責任を感じるもので、自分の打席がまわってきても打つ気持ちが入らないときがあるのだ。

かつて、阪急のキャッチャーだった岡村浩二からも、

「正直教えてほしいのですが、4打席目は、もうどうでもいいという気持ちで打席に

入ったことがありませんか」

と聞かれたことがあったが、もちろん「ある」と答えた。大量点を取られて大敗しているとき、4打席目に打ってもどうしようもないというときは、失点した責任から打つ気が湧かないのだ。キャッチャーならば、そういった責任感からくる「どうでもいい打席」があるものなのだ。

キャッチャーをやりながら、まさか自分が三冠王を獲れるなどということは、本当に夢にも思っていなかった。このときほど、怖くなるくらい、自分の「運のよさ」を感じたことはない。

やはり、「運」というものは、この人生にはある。そう感じた。ただ、「自分にはツキがある」と私が感じられるのも、めぐってきた幸運をつかめたからだ。幸運が来ても、チャンスをものにしていなければ、そうは感じないはずだ。

ではなぜ、私がめぐってきた幸運をつかめたのか。それは、これまで私が野球に賭けてきた努力の結果と言うこともできるだろう。

そう見てくると、**努力が実は「神様」のように思える。神様は平等だ。努力はけっ**

して裏切らず、誰に対しても運をもたらすのではないだろうか。

私が三冠王を獲得してから、その後日本球界では、王貞治、落合博満、ブーマー、バース、松中信彦が三冠を達成している。いまだにたった6人しかいない。私はその幸運を、いまでもときどき噛みしめている。

母の死

1968年のシーズン、私は8年連続の本塁打王を達成した。オフに入っても、テレビ出演やメディアの取材などに追われていた。多忙を極めていたこの年の年末、私は最愛の母を亡くした。

極貧のなか、病身を酷使して私を育ててくれた母を、少しでも楽にさせてあげたい一心でプロ野球選手となった私は、プロ入り後、一流選手の仲間入りをしてからも片時も母のことを忘れたことはなかった。

私も次第に稼げるようになり、仕送りする金額も増えていったが、

「お前がいま、たくさん助けてくれるのもありがたいけど、安月給のころに毎月1000円を送ってくれたことが、お母ちゃんは本当にうれしかったよ」

と言ってくれていた母の表情が、いまも忘れられない。

私がプロ野球で成功しても、母は贅沢をするようなタイプではなく、相変わらず田舎の網野町で慎ましく生活していた。父が先に死んで、野村家の実家の世話や、墓守をする人間もいないので、長男の嫁であった自分くらいはこの田舎町に住み続けなければならないとよく言っていた。


そんな母が、一度だけ、1960年前後だと思うが、大阪に突然訪ねてきたことがあった。試合を見に来てほしいと何度誘っても、都会や人込みが嫌いだった母は来たためしがなかった。

驚いて用件を聞くと、田舎に一人暮らしに適した、いい家を見つけたから買ってほしいと言うのだ。しかし兄も私も、母がいまだに田舎で一人暮らしをしていることには不満もあった。都会に呼び寄せて、便利で楽な暮らしをさせてあげたいと考えていたのだ。

兄と私は母の申し出に、しばらく反対したが、最後は母の、「お前らの反対する気持ちもようわかるけど、お母ちゃんの言うとおりにしてくれるのも親孝行だ」という一言に説得され、母に家をプレゼントした。

それから2年くらいだろうか。この期間が母の人生にとって、いちばん平穏で幸せな時間ではなかっただろうか。

その後母は、腰の痛みを訴えるようになる。加齢による単なる腰痛かと思っていたら、そのうち寝返りをするだけで痛くて我慢ができないと訴えるようになった。

そこで私は、球界のツテを頼っていくつかの病院を当たってみた。結果は、単なる神経痛ではなく、かつてのがんの後遺症だというふうに2つの医院で診断された。治療をして治るものではなく、温泉などに入ってゆっくり休むしか対処法はないと説明された。

実際、指示のとおり岡山の医大がやっていた温泉治療の病院に行くと、痛みは治まるようで、何日か滞在して療養したこともあった。しかし、しばらくすると家のことが心配だと網野町に戻ってしまい、痛みがまた再発してしまう。

軟骨の除去手術を、別の病院で受けたこともあったが、それでも痛みは治まらなかった。

なんとか母の痛みを取ってやりたい、そう思いながら過ごしていた私だったが、ある日、新聞で麻酔を使った新たな治療をしている病院の記事を見つけた。これなら母を治してもらえるかもしれない。藁にもすがる思いで病院に連絡して行くと、先生が私と会ってくれた。

母の病状を詳しく説明すると、それでは一度診てあげるから連れてきなさいということになった。そこで私は京都の実家から母を車に乗せ、大阪の病院まで連れて行った。

先生に診察してもらうと、母はそのまま入院することになったのだが、思いもよらずその数日後に母は帰らぬ人となってしまうのだ。

「母危篤」という兄の電話に、あわてて病院にかけつけたが、すでに母の意識はなかった。

息を引き取った母を前にして私は、「なんなんだ、これは！」と憤った。

自分がこの病院に連れてきさえしなければ、もっと長生きできたのではないかという自分への憤り。ようやくこれからというときに逝ってしまった母の、苦労するためだけに生まれてきたような人生に対しての憤り。それらが一緒くたになった感情が私を襲った。

「何しに生まれてきたんだよ」。母の遺体にすがりながら、自然に口をついて出た。

母の葬儀は、網野町の町葬として執り行われた。町長が弔辞に立ち、私の幼少時代の極貧生活や、そのなかで私たち息子を育てるために母がどれだけ苦労してきたかが語られた。

私は話を聞きながら、こみ上げてくるものを抑えきれず、ついには号泣していた。後にも先にも私の人生で号泣したのは、このときの一度だけだ。

これまでの人生、母に楽をさせたい、その一心で野球に取り組んできただけに、母を失った喪失感は言葉に表わせないほどのものだった。

もっと親孝行をすればよかった。なぜ、俺はあの病院に連れて行ったんだ……。そんな後悔の念ばかりにとらわれ、ふさぎ込む毎日だった。

しかし、そんなときにも私を救ってくれたのは、「野球」であった。極貧から脱出し、夢をつかませてくれたのも野球であるし、母の死で打ちひしがれた私を救ったのも野球であった。大好きな野球に打ち込むことで、私は次第に、母の死から立ち直っていく。

大好きな野球があったから、また、その野球に支えられて、私はこれまで生きてきたし、いまも生きているのだ。

プレイングマネジャー就任

これまで通りの日々を取り戻しつつあった私だが、母が残した「遺言」だけは気になっていた。

当時、南海の次期監督の人選が取りざたされており、候補として私の名前もスポーツ紙などで報道されていた。そういった記事を見て、母はとても心配したようだ。亡くなる前に最後に会話したのも、この話題だった。母は繰り返し、監督の要請が仮にあったとしても必ず断れと私に言っていた。

「お前に監督なんて務まるわけがない。丁重にお断りするんだよ。みなさんにご迷惑をかけるんだから」

そう言っていた。

母から見れば、いつまでたっても息子は、子どものときのままで、その成長もイメージがつかないのだろう。そんな責任の重い仕事は務まらないのだから、苦労はさせたくないという気持ちだったのかもしれない。

しかし母の死から1年が経とうとした1969年11月、南海の川勝オーナーの鶴の一声で、私のもとに次期監督の就任要請がやってきた。

これには本当に驚いた。以前から新聞などで報道されていたとはいえ、本当に自分に監督の就任要請がくるなどとは夢にも思っていなかったのだ。

当時のプロ野球の監督といえば、みな大学を卒業した人ばかりで、球界にも学歴社会の色合いが残っていた。自分のような田舎の高校のテスト生上がりが、監督になるなど無理だと考えていたのだ。

そのため、最初の要請が来たときは、3日間考えさせてもらって、丁重にお断りをした。結果的に、私は母の遺言どおりにしたのであった。

しかし、球団側も真剣で、再度、要請してきた。オーナー、球団社長が同席し、

「我々もよく検討した結果、これから先の南海をリードしてくれるのは、野村君しかいないという結論に達した」

と熱心に説得してくれる。川勝オーナーの熱意に私もとうとう負け、次期監督を引き受けることになる。それも現役を続行しながらの、プレイングマネジャーとしての就任だった。

しかし、就任にあたっては、私もいくつか条件をつけさせていただいた。まず、一度、最下位になったチームだから、すぐに優勝を求められても困ると言った。それに対しては、球団側も認め、長い目で全面的にバックアップすると言ってくれた。

また、私がプレイングマネジャーであるだけに、しっかりしたヘッドコーチが必要だと考えた。

「ブレイザーをヘッドコーチにしてくれたら、監督を引き受ける」

と条件をつけたところ、

「外国人で大丈夫か」

とオーナーは不安そうに言ったが、認めてくれた。

ブレイザーは1967年より南海でプレーした元メジャーリーガーだ。精神野球全盛の日本に、初めて「考える野球」を持ち込んだ選手であり、私の野球観を変えた選手でもあった。

彼がヘッドコーチとして加わったことが、南海というチームを変える契機となった。ブレイザーには春季キャンプでは、1ヵ月間、午後7時から1時間、みっちりミーティングをしてもらったが、これが大正解だった。

「バントをする際には、相手の三塁手と一塁手の守備力を比べ、どちらに転がせば成功率が高いかを考えろ」

「ヒットエンドランの際は、一塁走者がスタートを切るふりをして、二塁手、ショートのどちらがベースカバーに入るか確認し、空いたほうに打球を転がせ」

いまでは常識であるが、この当時の日本の野球では、そこまで考えて野球をやっている選手はほとんどいなかった。まさにブレイザーの言葉を借りれば、「日本の野球は10年遅れていた」のだ。

野球というスポーツほど、休憩の多いスポーツはない。1球投げて、休憩。また、

１球投げて、休憩。これだけ休憩が多いのは、それだけ備える時間、考える時間があるということ。

まさに「考える野球」が、南海の野球を一変させ、日本のプロ野球自体を進歩させたと言える。私はこのブレイザーの教えをヒントに、そこに自分なりに見いだした法則などを加味して、自身の野球哲学をつくっていったのだ。

進歩とは変わること

私が監督になってから、元在籍したチームで結果を残せなかった選手たちが、トレードで南海に移籍してきて活躍するというケースがいくつも出てきた。メディアではそれを、「野村再生工場」などと取り上げるようになっていった。

1972年のオフ、巨人の川上監督から、南海で3番を打っている富田勝がほしいというトレードの申し入れがあった。交換要員として巨人が提示してきたのが、ピッチャーの山内新一で、通算14勝はしているが、その年の勝ち星はなく低迷している選手だった。

これでは3番を打っている富田の交換要員としてバランスが取れないので、松原明夫という、これまた伸び悩んでいるピッチャーを巨人がつけて、1対2のトレードが成立したことがあった。

キャンプで移籍してきた山内の投球を一目見て、私はこれでは南海に来ても、彼は成績を残せないとすぐにわかった。

プロの世界でなかなか結果を残せず、消えていく選手の典型例であった。自分自身を知らず、安易な現状維持の道を選んできた選手だ。

たしかに山内は巨人時代、1970年には8勝4敗、防御率1・78という好成績を残している。そのときのピッチングは、伸びのある速球と右打者の内角をえぐるシュートを武器にしていた。

しかし、右ひじを痛めてしまい、72年にはゼロ勝に終わり、南海へと放出されてきたのだ。

山内のブルペンでの投球を見ていると、いまだに速球派だったころのイメージを引きずっており、「もっとスピードを出したい。速球で勝負したい」という気持ちで練習に取り組んでいる。

彼の右ひじを見てみると、内側に「くの字」に曲がっている。これでは、いま以上に速球に磨きをかけようとしても、もう無理だと私にはわかった。そこでシーズン開幕前に、私は山内に言った。

「いつまでもスピードを追い求めても、お前のひじでは無理だ。ピッチャーの命は速球だけじゃない。コントロールとスピードの変化で成功した選手もいるのだから、そういうタイプを目指しなさい」

彼にとっては、厳しい宣告だったろう。速球派失格の烙印を押されたのだから、ショックも大きかったと思う。私のこの提案を彼に納得させるためには、試合で実証してみせることが近道だと考えた。

山内のひじは曲がってはいたが、それはスライダーを投げるには適したものでもあった。実際に、いいスライダーを投げている。この球を効果的に使えば、速球派から技巧派へと転身して、成功をおさめることができると私は確信していた。

西鉄とのオープン戦で、マウンドに上がる山内に、

「今日は外角一辺倒でいくぞ。打たれたら俺が責任をとるから、サインどおり投げてこい」

と声をかけた。外角の真っ直ぐと、外に逃げるスライダーだけの配球だったが、大振りの多い西鉄打線はおもしろいようにスライダーをひっかけて、凡打の山を築いた。シュートはほとんど投げず、山内は見事な完封勝利をおさめたのだった。

これで山内の意識は変わった。スピード勝負だけではなく、コントロールでも打者を抑えられる可能性が自分にあることを悟ったのだ。ここからコントロール主体のピッチャーへと投球スタイルの変革に取り組み、この年、20勝8敗という好成績を挙げて、巨人時代からの低迷を脱出する。

いまひとつ低迷を抜け出せない選手に私は、「進歩とは変わることだ」とよくミーティングなどで話していた。なんとか現状を変えたいと思ってはいても、**同じことをやっているのであれば、結果は変わらず、どんどん低迷していく可能性が高い。**

何かを変えなければ、新たな飛躍は生まれない。しかし、この「変わる」ということがとても難しいのだ。だから、結果を残せず、多くの選手たちがプロ野球界から毎年消えていく。

人間は毎日取り組んでいることに慣れてしまい、そこにある誤りにも気づかなくなってしまいがちだ。また、「己を知る」ということも難しい。だから山内も、これ以上速球が伸びる可能性がないという現状を認識できず、いままで同様の取り組み方を無自覚に繰り返していたのだ。

また、変化には恐怖がともなうという点も、自己変革を妨げる理由だ。現状でそこそこできている場合など、**「変えることで、ダメになったらどうしよう」**と人は考えがちだからだ。

しかし長年球界を見てきてわかるのは、**変えたことによってダメになった選手より、変えなかったことで消えていった選手のほうが圧倒的に多い**ということだ。

変化することに躊躇し、同じことを繰り返しているだけでは、必ず結果は衰退していく。これは野球にかぎったことではなく、広く一般社会にも言えることではないだろうか。**結果を残し続けている人や企業、ものなど、ほとんどのものは現状に立ち止まることなく、少しずつ変革を遂げることで成功をおさめているものだ。**

私は選手、そして監督として、「こうすれば一流選手になれる」、「ここを変えれば生き残れる」と思って見ていた選手たちが、変わることができずに消えていった例を嫌というほど見てきた。

だから監督として私は、選手たちに変化の重要性を常に訴えていた。**変化とは何かを失うことではなく、何かを得ることだ。**変化を恐れないで、そこに楽しみを見いだし、挑戦し続けるものだけが成長することができる。結局、成長を阻んでいるのは、変化を受け入れない自分自身ともいえるだろう。

現状を変えるためには、自分が変わらなくてはならないのだ。

６００号本塁打とプロ生活を支えた「月見草の思い」

私が一軍で活躍するようになった当初は、まだ中西さんや山内さんといった強打者が第一線にいたが、次第に先輩たちとの世代交代もあり、私は１９６１年から８年連続で本塁打王を獲得する。

通算本塁打数も私が球界でトップとなり、前人未到だった４００号、５００号を誰よりも早く達成していった。

しかしここで、私を猛烈な勢いで追ってきた選手がひとりいた。それが王貞治だ。王は、「私の球界での評価を下げた男」である。彼がいなければ、私の評価はもっと高かったはずだ。通算本塁打数も王が８６８本で１位。６５７本で２位の私は永遠に王の後塵を拝することになった。

彼は私より5年遅れてプロ入りし、最初の3年間はまだそれほどの成績も残せなかった。しかし、一本足打法を確立してからは、本塁打を量産し、1962年からセ・リーグの本塁打王に13年連続輝いている。

68年に私が400号を打ったときは、王との差は70本あったが、71年、私が500号達成のときには、30本差にまで迫っていた。

73年8月8日、ついに王が通算563号を放ち、私に追いついた。いつかは王に抜かれると感じてはいたが、ここまで球界の本塁打王として君臨していた私にも意地がある。簡単には、王に抜かれるものかと、必死に王について行った。

10日にはともに564号を打ち、翌11日は私が565号で先行するも、12日に王も追いつく。逆に王は、15日に2本打って抜け出すが、私も15日、16日と1本ずつ打って追いつく。

こうした抜きつ抜かれつのデットヒートが、8月の終盤まで続いた。王はさほど意識していなかったかもしれないが、私は毎日王の打席が気になり、意地になって追いすがった。

しかし、8月30日、王がこのシーズンの40号を打った時点で私との差は広がり、二度と私が王に追いつくことはなかった。

王は翌年、通算600号を達成するが、私はケガでそのシーズンが不振に終わり、私の600号は、王の達成した翌年の1975年であった。5月22日、後楽園球場での日ハム戦、5回にテリー・レイから逆転の3ランをレフトスタンドに打ち込み、万感の思いで私はダイヤモンドを一周した。

田舎の高校の無名選手、誰にも期待されていなかったテスト生上がりの自分がよくぞここまできたものだと、プロ入りしてからのさまざまな苦労が脳裏をよぎった。

どんなに苦しいときも耐え、困難な壁にぶつかってもけっしてあきらめることなく挑戦し続けてこられたのも、母への思い、故郷の月見草を見て育った幼少期の思いが私の胸に常にあったからだ。

向日葵のような長嶋や王の派手さや、明るさは私にはないが、誰も見ていなくても夕暮れ時にひっそりと咲く月見草の不器用さ、力強さに私は自分自身を投影した。

「長嶋や王が太陽の下で咲く向日葵なら、僕は人の見ていないところでひっそりと咲く月見草みたいなもの。自己満足かもしれないが、そういう花があっていいと思ってきた。数は少なくても、見に来てくれるお客さんのために咲く花があってもいい。これが私を22年間支えてきたものなのです」

６００号達成のあとの記者会見で、私はこう言った。

現役へのこだわり、そして引退へ

600号を達成してから翌々年、1977年のシーズン終盤、2つのスポーツ紙が、「野村監督解任」、「野村に愛人」といったスクープを掲載した。

当時、同棲していた沙知代とは、私が前妻との離婚訴訟が長引いていたこともあり、まだ籍も入れられずにいたため、不倫関係であると倫理上の責任を問う声が上がっていた。

また、その沙知代が、監督の「妻」の立場を利用して、私の知らないところで選手やチームに口出しをしていると批判もされていた。

こういった状況のなか、私の監督就任をバックアップしてくれた川勝オーナーも、ついにはかばいきれなくなり、私は南海を退団することになる。

9月25日、日本ハムとの後楽園球場でのダブルヘッダーを最後に、24年間慣れ親しんだホークスのユニフォームを脱いだ。

自分としてはあと2試合残していたので、シーズン終了まで責任を全うしたかったが、球団は「もう出てこんでええ」と冷たく突き放してきた。

南海のプレイングマネジャーを解任され退団した私に、現役引退をすすめる人間もいたが、私はまだまだ現役にこだわっていた。自分をクビにした南海を見返してやりたい、という気持ちで移籍先を探したが、なかなか新しい球団からの誘いは来なかった。

もう私の現役人生も終わったかと思われたとき、ロッテへの移籍がようやく決まった。これは、いままで私をサポートしてくれていた南海の川勝オーナーが、ロッテの重光武雄オーナーに話をつけてくれたおかげだった。南海を辞めたあとも、私のことを気にかけてくださった川勝オーナーには感謝の言葉しかない。

私の現役選手としての能力は、年齢とともに次第に衰えがきていたのは確かだった。しかしまだ、リードや野球の戦術、知識といった「頭を使う部分」では若い選手たちには負けないし、チームに貢献できると考えていた。

その後、1979年、80年は西武で控え選手として過ごし、少しでもチームに貢献しようと過ごしていたが、いよいよ引退の時期が近づいてきた。


私が引退を決めたのは、1980年9月28日の阪急戦だった。キャッチャーとしてスタメン出場したその試合、8回、4－3で西武が1点を追う展開で、1死満塁で私の打席がまわってきた。私は球界の通算犠飛数1位の記録を持っているくらいで、犠牲フライを上げるコツは自分なりに体得しているつもりであった。

しかし、この場面で私は、プロ野球人生で初めて、代打を送られてしまう。あまりの悔しさに、ベンチに戻って、代打で打席に入った選手が凡打することを願っていた。実際に代打で送られた鈴木葉留彦は、ショートゴロ併殺に倒れて、代打策は失敗に終わった。「ざまぁみろ」と心のなかで喜んでいる自分がいた。

その試合の帰り道、私はチームの勝利ではなく、代打策が失敗することを願っていた自分にあらためて気づき愕然とした。これまで、そのような気持ちになったことは一度もなかった。こんなにもチームの勝利とは違うところに、自分の気持ちはいってしまっている。これ以上、現役を続けていても、みなに迷惑をかけるだけだ。

私はその晩、引退を決意した。

翌日、球団に引退の意志を伝えた。10月4日の四球を選んだ打席が、私の現役最後の打席となった。引退セレモニーは、西武の全選手が一塁、三塁間に一列に整列し、マウンドで私への言葉を送ったのち、キャッチャーをやっている私にボールを投げるというものだった。セレモニーなどなく辞めていくのが当たり前のこの世界にあって、私は本当に幸せものだと思った。

プロ27年間で、3017試合出場、1万472打数2901安打、657本塁打という成績だった。27年前、プロテストを受けに大阪球場にきたときに、プロでこのような成績が残せるなどということは夢にも思っていなかった。

人生は、必ず見ている人がいる

現役時代から、データや相手の心理を基にした配球の読み、緻密な「考える野球」を訴えていた私は、選手仲間はもちろん、記者などのメディア関係者にも、「野村はよく野球を知っている」と一目置かれるようになっていった。

そういった事情もあり、スポーツ紙で評論を書いたり、解説に呼ばれたりすることは現役時代からあったが、いざ、ユニホームを脱いでみると、そういったことが仕事の中心となっていった。

「職場がグラウンドから、ネット裏に変わっただけだ」と考え、これまでどおり、解説や評論、講演などに手を抜くことなく取り組んでいたが、どうもしっくりこない。

これまでは30年近く、勝った負けたの世界にいたが、引退後の仕事は勝負事のように簡単に白黒がつくようなものではない。これがどうしても不安で、どのようにこれからの仕事に取り組んでいけばいいのか悩んでしまった。

そこで、人生の師と仰いでいた評論家の草柳大蔵さんに相談に行くと、

「悪かったという人が9人いても、いいという人が1人でもいれば、それで勝ちなんですよ。見ている人は必ずいますから、どんなときも一生懸命やればいいのです」

と教えられ、肩の力が抜けた。

見ている人は必ずいる。それならば、これまで誰もやっていないような素晴らしい解説、評論をやってやろうと心に誓った。色鉛筆を5本ほど使い、1球ごとに細かくスコアブックに書き込んだ。現役時代もやっていたが、それをさらに進化させ、配球の分析、解説に励んだ。

こういった努力が結実したのが、テレビ解説で私が導入した「野村スコープ」である。画面上にストライクゾーンを9分割して図示し、私が次の1球ごとに緻密に解説、予測することで、野球というスポーツの奥深さが視聴者の方に伝わり、好評を博すことができた。

また、解説や講演、評論の仕事を実際にやってみると、自分が無知であり、言葉を知らないことを痛いほど思い知らされた。現役時代なら、「こうやってやるんだ」と自分の体を使って示せばいいが、解説ではさまざまな言葉を駆使しなければならない。それに、自分の伝えたいことをわかりやすく相手に伝えるためには、一定の知識も必要だ。

そんな私に、草柳さんは、「本を読みなさい」と教えてくれた。私はこの時期、野球の本にかぎらず、歴史書や政治、経済、科学、文学など、あらゆる本をむさぼり読んだ。

そして気に入った文章、心に残る言葉に出会うと、赤ペンでアンダーラインを引き、それをノートに書き写してまとめるといった作業を地道に繰り返した。特に、中国の古典には、野球に通じる知恵が多く、とても興味深く感じたものだ。

この時期の自己研鑽が、のちに監督を務める際の、私の土台になっていったのだった。

世の中の人、みんながわかってくれるわけではない。しかし懸命にやっていれば、必ずわかってくれる人、見ていてくれる人はいる。そのことが現実となった。

1980年に現役引退をしてからおよそ9年の月日がたった1989年秋、ヤクルトの相馬和夫球団社長が突然、次期監督の就任要請のために自宅にやってきたのだ。私はプロ生活を南海、ロッテ、西武といったパ・リーグの球団で送ってきた。セ・リーグ、それにヤクルトとはこれまで、縁もゆかりもまったくなかったから、この監督就任要請には本当に驚いた。

「本当に私でいいんですか。セ・リーグのこと、何も知りませんよ」

と思わず言った私に相馬さんは、

「これまで野村さんの解説を聞いたり、原稿を読んだりしてきましたが、あなたしかヤクルトの監督を任せられる人はいないと確信しています。ぜひ、うちのチームの選手たちに、本物の野球を教えてやってください」

と熱心に口説いてくださったのだ。

当初はまったく無縁のセ・リーグということもあり、戸惑い、迷っていた私だったが、「野球の真髄を教えてやってほしい」という相馬さんの殺し文句に、私もとうとう折れた。

もう一度、監督を務めながら野球を勉強しよう、と決意を固めたのだった。

人づき合いが苦手で、処世術が下手な私が、まさかまた監督としてユニホームを着ることができるとは思ってもいなかった。プロ野球の監督は、いまだにオーナーなどのフロントや、先輩たちの派閥に、それなりの人脈やコネがないとなれないものと言っていいだろう。

それだけに、相馬さんが、これまで縁もゆかりもない私を選んでくれたことが、とてもうれしかった。やはり現役引退後、どんな仕事でも与えられたものは、誰もやったことのないようないい仕事をしようと取り組んできたことが報われたのだと思った。

その後私は、ヤクルトの監督を9年務め、4度のリーグ優勝、3度の日本一に輝くという結果を残すことができた。阪神、楽天、そして実業団のシダックスでも監督を務めたが、それもこれも、このヤクルトへの監督就任があったから開けた道であった。

「誰も見ていないようでいて、必ず見ている人はいる」。

この言葉は、私に監督としての新たな人生をもたらした言葉である。人生や仕事を成功に導く言葉として、以後私は、多くの選手たちにミーティングで伝えたのだった。

第4章

運や素質ではない「何か」が人生を決める

何か持っている人の「何か」の正体を明かす

正しい目標設定が、夢を近づけてくれる

なぜ私は、夢をかなえられたのか。その問いの答えを探すため、ここまで私の幼少期からプロ入り、現役時代、ヤクルトの監督就任までを振り返ってみた。最後にこの章で、より具体的に、夢を追う若い世代に向けて私の思いを整理してみたい。

まず、夢をかなえるために必要なのは、夢に向けた正しい目標設定と、夢に対する行動力だ。

私がプロ入りを考えたとき、当時のプロ野球の選手名鑑を見ながら、どのチームを志望するか考えたという話は1章でも述べた。各球団の一軍キャッチャーの年齢を調べ、どのチームであれば、自分が入団できたときに、一軍でプレーできる可能性が高

いかを調べ、それによって南海が第一志望となった。

私の夢はプロ野球選手になることであり、どこのチームの選手としてその夢をかなえるかは次の問題だ。私も子どものころは巨人ファンであったし、巨人に入団したいと思ったが、それでは一軍に上がって正キャッチャーとして活躍できる可能性は少ないと判断したのだ。

まずは自分の実力を冷静に分析し、どういった道を通っていけば夢にたどり着ける可能性が高いのか、そこから目標を設定すべきだ。幼少期からの「憧れ」で、人気チームに入団し、結局、活躍の機会すら得られなく、消えていく選手もいる。

プロ野球選手になりたいという強烈な思いはもちろんあっていいが、そこにどう至るかは、気持ちだけで目標設定してはうまくいかない。もっと、客観的なものだと私は考えている。

音楽家になりたい、俳優になりたい、起業家になりたい、政治家になりたい……。いろんな夢があるだろうが、**その夢に至る道は、それぞれ無数にあるものだ。どういったステップで登っていくのか、その目標設定を自身の実力、環境などを加味し、客**

観的に設定する。

また、夢があるのなら、それに向かって常に具体的に行動を起こすことが重要だ。夢をかなえられない人の多くは、行動すら起こしていないことがその原因ではないだろうか。

私は小学校を卒業するころ、まず、歌手になりたいという夢を抱いた。そして中学入学と同時に、コーラス部に入部している。いまの私を知っている方から見たら、意外に思うだろうが、当の本人は大真面目だった。歌手になるために、いま私は何をやるべきかと自問した結果が、コーラス部への入部だったのだ。

結局、歌の才能はないとあきらめたが、野球をやるようになってからも、目標を定め、それに向かっていまから何をやるか。常に、目標から、それを達成するための具体的な行動を導き出し、それを実際に行動にうつすということを繰り返してきた。

高校の野球部が廃部の危機に見舞われたときもそうだし、プロ入りしてからも、さまざまな壁にぶつかるごとに、自分なりの計画、目標をつくり、それに向かって具体的に行動を起こすことでなんとか乗り越えてきた。

夢を掲げ、目標を定めたら、それでうまくいくというものではない。行動にうつさなければ、それは何も現実にならないという当たり前のことを理解してほしい。**目標や夢を掲げたら、そのあとに「では、そのために○○をする」と常につけ加える習慣をつけるべきだろう。**

また、自分が抱く夢は、周囲の人に大いに語ってほしい。自己暗示という側面もあるが、口に出すということは、なりたい自分の姿を具体的に頭のなかで描いているわけで、夢がより具体的になることで、それに向けた具体的な行動に結びついていく。

人は、自分の発言には「責任」を持つようになるという側面もある。私も監督時代、選手たちには自分で目標、夢を書かせ、発言させていた。公言したことで生まれる責任が、その人を夢の実現に駆り立ててくれると私は思っている。

必死に努力し、困難にぶつかっているような場合も、周囲がその人の夢をわかっていれば、手を差し伸べようという人も出てくるかもしれない。これが、夢実現の大事な「縁」となることもあるだろう。

成功する人間の努力の仕方

夢をつかむ、成功をおさめるためには、やはり「努力」しかない。野球界のような素質がものを言う世界に長年いた私だが、結局、努力したかどうかが、その選手の成功、不成功を決めていると考えている。

かつて南海にいるとき、巨人から相羽欣厚という選手が移籍してきたことがあった。彼が教えてくれたのだが、普段から長嶋、王ほど練習する選手はいないというのだ。ONが手を抜かず懸命に練習するものだから、他の選手が誰もサボることができないと言っていた。

素質のかたまりのようなONでさえ、血のにじむような努力によって、その成功を可能にしているのだ。そう考えると、素質のたいしてない私などは、もっと努力しなければいけないと考えた。

実際、地道な努力は必ず報われるものだ。それはここまで書いてきた私のプロ野球人生を読んでいただければ、わかってもらえるはずだ。

ただ、努力は継続することが難しい。みんな、努力には即効性がないことを理解していないからだ。10日素振りをしたら、11日目にヒットが打てると、心のどこかで思っている。だから、11日目に打てないと失望し、「俺の素質ではここまでだ」と安易な自己限定に次第に陥っていく。**自己限定をした瞬間、人の成長は確実に止まる。**

だから、**努力に即効性はないことを常に意識し、淡々と努力を継続することが重要だ。そうして心血を注いだ努力は、必ず裏切らない。**

多くの人たちが、努力を継続できないという現実も知っておくべきだろう。つまり、**みながができないのだから、あなたがやり続けさえすれば、それだけで他の人に差をつけられるのだ。**

また、努力をするにも、正しい努力をしなければならない。そのためにはまず、「己を知る」ことが必要だ。自分に足りないものは何か。それを知って、どういう努力をするか、その方法を見つけなければならない。

よくアマチュア時代に強打者でならしたバッターが、4番打者の集団のようなプロ野球界ではホームランバッターとして通用しないことがある。それなのに依然として長打を打とうと努力したとしたら、これも的外れな努力と言えるだろう。

活躍するためには、どうすればいいか、自分には何が必要か。そういった「自己分析」から、正しい努力の方向性を得ることが大切だ。

自分を知り、現状を知り、方針や計画を立てるというプロセスに必要なのは、「考える力」だ。頭を使い、考えるものだけが、成功に近づける。その意味では、私のいた球界などは、頭を使う人間などほとんどいなかった。ちょっと頭を使えば差をつけられる、私にとっては幸運な環境だった。

この**「考える」ことの起点となるのが、「感じる力」だ。常々、ミーティングでも、「すべての始まりは感じる力だ」と選手たちに言っていた。**

人は感じるから、考える。たとえばバッターボックスに立って、1球見逃したとする。極端なことを言えば、このとき「速い」と感じるだけでもいいのだ。速いと感じたら、どう打つか考えるだろう。それが、何も感じない選手なら、せいぜい気合いを入れて次は打つぞ、と思うくらいだ。

失敗して悔しさを感じるから、次はどうするか考える。どうしてなのかと疑問に感じるから、あれこれ推理して考えてみる。その過程で様々なヒントを得て、それをもとに努力し、人は成長していくのだ。

すべてのスタートは感じる力だ。鈍感な人間は、成長するのはなかなか厳しい。これは、いろいろな選手を見てきた私の実感だ。

常日頃から、周囲に気を配り、なぜだろうとその背景に思いを巡らすクセをつける。

野球であれば、「なぜ、あのようなフォームをするのだろうか」、「なぜ、あの仕草をしたのだろうか」、「なぜ、あのような言い方をしたのだろうか」、「どうしてあの人は決まっていつも、ああするのだろう」……など、小さなことにも疑問を持つことで、考える力は確実に鍛えられていくはずだ。

夢をつかむ「運」と「縁」の引き寄せ方

アスリートでも経営者でも、成功している人はみな「運がついていた」、「いい縁に恵まれた」と言うものだ。かく言う私自身も、運がいいと思うし、貧しい幼少期から、いい縁に恵まれて助けられたと思っている。

どうすれば監督のように「運」や「縁」を引き寄せることができますかと、ときどき聞かれることもあるが、私自身も確たる方法を知っているわけではない。

ただ、言えることは、運は待っていれば来るというものではないということだ。運も実力のうちとよく言われるが、**実力がなければ、運をものにすることはできない。**

まずは、実力をつけることが先決だ。

私の例で言えば、1965年の三冠王獲得などは、まさに運である。例年、打率上位を争っている張本や榎本がそろって不振になり、さらには、最後まで本塁打数を競い合っていたスペンサーが、あろうことかシーズン最終盤で交通事故でケガをして脱落する。

このときは、自分の強運ぶりが恐ろしくなるほどだった。しかし、あらためて考えてみると、運があったとはいえ、その機会をものにできたのは、私が日ごろから厳しい努力を重ね、その実力を蓄えていたからということもできる。

何事も実力があっての、運なのだ。この機会を自分のものにすることができたから、私は「運がいい」と感じているが、ものにできなかった人は「運がいい」とは言わないだろう。鼻先にまで幸運がめぐってきていたことも、わからないままかもしれない。

誰にも平等に運やチャンスはめぐってきている。

それを自分のものにするために、私たちにできることは、自身の実力をつけることしかない。それが、「運を引き寄せる」ことになるのではないだろうか。

また、人の「縁」というものも、不思議なものである。私もこれまでの人生、さまざまな岐路で多くの人に助けられて、ここまでやってくることができた。

私の高校進学を助けてくれた兄、廃部になりそうな高校野球部を存続させ、私のプロ入りを支援してくれた清水先生、キャッチャーの基本を教えてくれて、一軍へ推薦してくれた松本二軍監督、ヤクルトの相馬社長……。こういった人たちが、ひとりでも欠けていたら、おそらくいまの私はいない。

成功する人というのは、人生のピンチで助けてくれる人が決まって現われて、夢を実現していくものだ。自分を支援してくれるようなまわりの人たちの縁を引き寄せることも、人生の成功には欠かせないのだろう。このような縁も、結局、日ごろの取り組み方、行い次第だと私には思える。

日々、夢や目標に向かって、懸命に努力する。その姿を見て、まわりの人も共感したり、手を差し伸べてあげようと考えたりするのだろう。縁によって新たな出会いがもたらされ、新たな人生が切り開かれていく。その人の夢を追う姿勢次第で、いい縁に巡り合えるかどうかが決まってくるのではないだろうか。

夢を追い続ける情熱の育て方

子どものころには、誰でも将来の夢を描くものだ。しかし、それを大人になって実現するものは、ほとんどいない。どこかで夢を追うことをやめ、違う人生を歩んでいくものなのだろう。

夢を実現するためには、それを追い続ける強い思いや、願望を持ち続ける原動力が必要だ。それが私にとっては、幼少期の貧困であり、「貧乏から抜け出したい」、「苦労している母を楽にさせてあげたい」という思いが、夢をあきらめずに追い続ける原動力となっていた。

しかし、現代の恵まれた社会を見てみると、夢を実現したければ、私のようなハングリー精神を持てというのは無理だとわかる。

それでは、これからの若い世代が、夢を追う原動力となるものはなんだろうか。私はそれは、「感謝する心」だと考えている。

私が抱いていた「母を楽にさせてあげたい」という気持ちも、世話になった親への感謝の気持ちである。

かつて、巨人の名監督・川上哲治さんが解説で言った言葉が印象的だった。巨人の当時、駆け出しだった淡口憲治という選手を指して川上さんは、「この選手は伸びますよ」と言う。

アナウンサーが理由を尋ねると、「この子は親孝行なんです」と答えていた。私も以前から親孝行の選手はうまくなると考えていたので、川上さんも同様の見方をしているのであれば、やはりそういう傾向があるのだろうと納得した覚えがある。

実際、この淡口は、藤田元司監督時代に、巨人の外野の一角を担う中心選手となり、引退後には巨人や日ハムでバッティングコーチを務めるまでの選手になった。

親孝行とは親への感謝の気持ちであり、その感謝の思いが、困難にぶつかってもくじけない、夢を追い続ける力になるのだろう。

豊かになった現代に即して考えれば、親だけでなく、まわりの人々への感謝の気持ちというものが、これからの夢を追う人々のモチベーションになっていくのではないだろうか。

よく、オリンピックなどでメダルを獲った選手が、周囲の人々への感謝の言葉を口にする。

これなどは、メダルを獲ったから、まわりの人に「ありがとう」という感謝の念が湧いてきたということではないだろう。日ごろから、自分を支えてくれる人、この人たちがあって自分はこうして夢を追うことができるという感謝の気持ちを常にもっているから、厳しい鍛錬や、困難な状況にもくじけず努力を重ね続けることができた。

その結果、メダルを獲れたから、ふと、ふだんから思っていることが、口から出たというふうに私には思える。

人は自分のためだけにがんばるよりも、「誰か」がいてこそ、ここ一番でより踏ん張りがきくのではないだろうか。その誰かへの感謝の心が、これからの人が夢を追う原動力になっていくと私は考えている。

詩想社新書

詩想社新書発刊に際して

詩想社は平成二十六年二月、「共感」を経営理念に据え創業しました。なぜ人は生きるのかを考えるとき、その答えは千差万別ですが、私たちはその問いに対し、「たった一人の人間が、別の誰かと共感するためである」と考えています。

人は一人であるからこそ、実は一人ではない。そこに深い共感が生まれる――これは、作家・国木田独歩の作品に通底する主題であり、作者の信条でもあります。

私たちも、そのような根源的な部分から発せられる深い共感を求めて出版活動をしてまいります。独歩の短編作品題名から、小社社名を詩想社としたのもそのような思いからです。

くしくもこの時代に生まれ、ともに生きる人々の共感を形づくっていくことを目指して、詩想社新書をここに創刊します。

平成二十六年

詩想社

野村克也（のむら　かつや）

1935年、京都府生まれ。54年、京都府立峰山高校卒業。南海ホークスへテスト生で入団。４年目に本塁打王。65年、戦後初の三冠王（史上２人目）。MVP５度、首位打者１度、本塁打王９度、打点王７度。ベストナイン19回、ゴールデングラブ賞１回。70年、南海ホークス監督（捕手兼任）に就任。73年、パ・リーグ優勝。のちにロッテ・オリオンズ、西武ライオンズでプレー。80年に45歳で現役引退。90年、ヤクルトスワローズ監督に就任、４度優勝（日本一３度）。99年から３年間、阪神タイガース監督。2002年から社会人野球・シダックスのゼネラル・マネジャー兼監督。06年から09年、東北楽天ゴールデンイーグルス監督。『野村ノート』（小学館）、『なぜか結果を出す人の理由』（集英社）、『言葉一つで、人は変わる』『プロ野球 奇人変人列伝』（詩想社）など著書多数。

詩想社
―新書―
23

成功する人は、「何か」持っている

2018年８月19日　第１刷発行

著　　者　野村克也
発 行 人　金田一一美
発 行 所　株式会社 詩想社
〒151-0073　東京都渋谷区笹塚1―57―5 松吉ビル302
TEL.03-3299-7820　FAX.03-3299-7825
E-mail info@shisosha.com

D T P　株式会社 キャップス
印 刷 所　株式会社 恵友社
製 本 所　株式会社 川島製本所

ISBN978-4-908170-17-1

詩想社新書

1
リーダーのための「人を見抜く力」
野村克也

忽ち3刷！　各メディアで絶賛。名捕手、強打者にして名将といわれた著者の実績を支えていたのは、独自の人間観察眼だ。人間性や将来性、賢明さなど、どこに着眼し、どうその人間の本質を見破り、育てるかを初めて明かす。

本体８８０円＋税

11
言葉一つで、人は変わる
野村克也

大増刷！「野村再生工場」を可能にしたのは、「言葉の力」だった！　言葉がその人の考え方を変え、行動を変え、ひいては習慣を変え、ついには人生をも変える。どんなとき、どんな相手に、どのような言葉が響くのかを明かす。

本体８８０円＋税

17
プロ野球　奇人変人列伝
野村克也

ノムラが見た球史に輝く強烈キャラクター52人を選出！　球場の医務室で出番まで寝ている選手、財布を持ち歩かないドケチ選手、マウンドから監督を怒鳴りつける投手、ケンカ野球の申し子…あの名選手たちの超ド級の変人伝説を大公開！

本体８８０円＋税

19
「文系力」こそ武器である
齋藤　孝

「文系は役に立たない」は本当なのか？「理系になれなかった人」が、文系なのではない。文系人間の持つ文系力とはいかなるもので、それが社会をどう動かしてきたかを明らかにし、文系力の鍛え方、社会と自分の人生への生かし方も説く。

本体９２０円＋税